An Apology for Lim Hwa

임화를 위한 변명

그는 케이문화의 거대한 파수였다

늘샘 김 상 천 지음

이 책을 추천합니다

'임화' 죽이기 문단 카르텔과 괴물 엘리트 비평의 허구성
−문예비평가 늘샘 김상천의 〈임화를 위한 변명〉을 읽고

김윤식, 김현, 염무웅은 한국 문단 내 문학 비평을 상징하는 인물들이다. 그러나 분단 현실을 배경으로 그들은 문인 '임화'를 보잘것없는 존재로 '악마화'했다. 특히 진보 문인을 대표하는 염무웅의 비판은 허구에 가깝다.

문단 내 주류 평론가들은 '월북 문인' 딱지도 모자라 '미 제국주의 스파이'라는 김일성 추종자들이 쓰는 용어로 낙인까지 자행했다. 87년 6월 민주항쟁 이후, '월북 인사'로 분류된 문인들이나 코뮤니스트들에 대한 연구가 햇빛을 보기 시작했다. 김윤식의 『임화 연구』(1989), 김용직의 『임화 문학 연구』(1991)는 당대 해금된 시기, 문인 '임화'에 대한 대표적인 연구 저작물이다.

이 연구 저작물에서 김윤식은 "카프는 거대한 사이비 조직체"라

며 거칠게 비평했다. 불문학자 김현 또한 "카프는 단 하나도 우수한 작품을 내놓지 못했다"고 혹평했다. 염무웅은 한발 더 나아가 "카프는 외형만 남은 허수아비 조직에 불과했다"고 카프 서기장 임화를 폄훼했다.

강단을 대변하는 고려대 이남호 교수는 최근 『카프 시인집』(2022)에서 임화의 「네거리의 순이」(1929)를 비롯해 일련의 단편 서사시들을 비평하면서 "시 속에 등장하는 인물들이 대체로 힘없고 무기력하며…(중략) 서정적이고 애상적인 분위기가 농후하다"고 평가절하했다.

특히 평단을 대표하는 문학평론가 염무웅은 『김수영에서 김수영으로』(2022)에서 임화를 비롯해 카프의 주요 문인들 작품에 대해 "카프를 대표하는 문인들은 계급해방이 이념적 목표였으며…(중략)…관념 과잉의 미숙한 조제품에 그치는 수가 많았고, 그나마 일본 좌파 문학을 어설프게 답습한 것"이라는 극언을 서슴지 않았다.

심지어 「팔봉 비평문학상」을 수상한 서울대 국문학과 김윤식은 최재봉의 『한겨레 TV』「그 작가 그 공간」대담에서 "임화, 임화… 보성중학교 중퇴생인 지가 뭐 알겠어"라며 임화의 학력을 얕잡아보며 모멸감을 주는 표현을 했다. 한 마디로 임화의 작품과 문학 인생을 송두리째 부정하는 모양새다.

이화여대 영문과 교수를 지낸 평론가 유종호 또한 '임화의 시가 실패했다'고 규정했다. 민요 등 구비문학과 서사문학의 대가이자 문학평론가 조동일은 문인 '임화의 시를 평가할 수 없다'고 비평을 포기했다. 요컨대 문단 내 평자들 모두 일관되게 카프의 실체를 부정하고 외면하거나 폄훼하려는 태도다. 문제는 임화에 대한 이들의 문학 비평이 한국 평단의 주류이자 지배적인 시각이라는 데 있다.

더구나 해방공간 마르크시즘에 기초한 문학평론가 김동석조차 임화를 '병든 임화', '병든 지식인'으로 혹평한 적이 있다. 아직 남북 분단이 첨예하게 대치된 상황이 아님에도 해방공간에서 그런 부류의 비평이, 그것도 마르크시즘에 기초한 평론가의 입에서 나왔다는 사실은 놀라운 일이 아닐 수 없다.

문예비평가 늘샘 김상천은 지난 3년 동안 한국 문학사를 '분단 시대에 갇힌 병든 문학사'가 아니라 온전한 시각에서 논구하고자 열정을 바쳤다. 특히 문인 '임화'에 대한 그의 연구 저작은 기존 한국 문학사를 밑으로부터 전복할 만한 참신한 시각이다. 이념의 낡은 틀을 깨뜨리고 역사 사실에 기초해 서술함으로써 한국 문단 내 패거리 비평을 일삼던 괴물 엘리트들의 천박함을 객관적 자료를 제시하며 통렬하게 비판했다.

3부작 『네거리의 예술가들』(2021), 『철학자 김수영』(2022), 『청년 임화』(2023)가 바로 문단 주류 평론가들을 비판한 빼어난 작품들이다. 특히 『청년 임화』(2023)에서 늘샘 김상천은 마르크시스트 문학평론가 김동석의 임화 비평이 영국 부르주아 계급을 대변했던 매슈 아놀드 관점에서 비롯되었다는 사실을 의미 있게 밝혀냈다.

영문학자 김동석이 대학원 졸업논문으로 매슈 아놀드를 다뤘고 실제로 매슈 아놀드에 깊이 심취했다는 사실을 문예비평가 김상천은 촘촘하게 분석해 냈다. 그런 연유로 노동자를 '불한당', 노동자 계급을 '우리 시대 병든 정신을 대변하는 계급'으로 생각한 매슈 아놀드의 관점으로 김동석은 조선 노동자를 대변한 임화를 '병든 지식인'으로 규정한 탓이다.

다음으로 문예비평가 김상천은 임화로 대표되는 카프 문학이 '계급해방운동'을 지향했다는 사실을 긍정했다. 시든 소설이든 작가의 작품이 당대 작가가 발 딛고 살아가는 사회현실과 분리될 수 없음을 역설했다. 나아가 작품은 당대 사회현실이 작가의 삶에 투영된 삶의 편린이라고 생각했다. 김동리 아류의 순수문학에 일침을 가한 명쾌한 논리가 아닐 수 없다.

따라서 청년 임화가 19살에 조선일보에 발표한 「혁토」(1927)에서 '혁토'는 '붉은 땅', 바로 '황무지'를 가리키는 시어로 식민지 통치에 신음하는 조선 민중을 상징한다. 이후 『조선지광』에 차례로 발표한 단편서사시 「네거리의 순이」(1929), 「우리 오빠와 화로」(1929), 「우산 받은 요꼬하마의 부두」(1929), 「양말 속의 편지」(1930)는 문단 내 주류 비평처럼 '병든 지식인'의 "낭만적인 연애시나 애상적인 서정시"가 아니다. 오히려 식민지 현실에서 탄압받던 노동자에게 저항의 힘을 불어넣는 격정적인 저항시요, '쟁의 서사시'라고 역설했다.

실제로 카프 동지 김남천은 임화의 단편 서사시들이 노동자들에게 천둥 번개 같은 울림을 안겨줘 놀라운 성과를 보였다고 회고했다. 특히 「양말 속의 편지」(1930)는 1931년 평양 군중집회 당시 군중이 몇 번씩 앙코르를 요청하는 등 폭발적인 반응을 보였다고 술회했다. 임화의 단편 서사시가 노동운동가들의 노동조합 회의나 노동자 집회에서 감격스러울 정도로 환영을 받았다는 역사 사실에서 임화의 단편 서사시는 늘샘이 처음 명명한 대로 예술성 높은 '쟁의 서사시'임이 분명하다.

1929년 대공황 이후 1930년대로 접어들면서 일제의 수탈이 노골화하는 현실에서 30년대 전반기 혁명적 농민조합 운동과 혁명적 노동 운동이 거세게 일었던 역사 현실은 이를 잘 보여준다.

카프 시인 이상화의 「빼앗긴 들에도 봄은 오는가」(1926)는 식민지 조선의 현실을 서정성 짙게 형상화한 빼어난 작품이다. 카프 초기 맹원 팔봉 김기진을 눈물 흘리게 만든 임화의 단편 서사시 「우리 오빠와 화로」(1929)도 마찬가지다. 그리고 30년대 방직공장 쟁의를 모티프로 하는 이기영의 『고향』(1936)은 당대 최고의 농민소설로서 사회성 짙은 작품이자 식민지 조선의 현실을 예술성 높은 문학작품으로 형상화한 뛰어난 작품이다.

1920년대 일본 내 자유주의 물결이 일었던 다이쇼(大正) 데모크라시 시절, 식민지 조선에도 카프(KAPF)(1925)가 결성되었다. 카프 결성은 당대 시대정신을 반영한 것으로 조선 문단이 처한 현주소이기도 했다. 이육사의 국내 절친 신석초, 『상록수』의 작가 심훈, 『낙동강』의 작가 조명희, 『탈출기』의 최서해를 비롯해 박영희, 김기진, 김동환, 최정희, 김정한, 홍기문, 권환, 김남천, 이기영, 김화산, 임화, 송영, 이상화, 최학송, 한설야, 안막, 이활 등 수많은 문인들이 카프 맹원이었다. 그러나 30년대 일제가 파시즘으로 치달으면서 조선에서도 혁명적 노동운동과 농민 운동이 심각하게 탄압을 받았다. 카프 역시 1, 2차 일제의 탄압에 따른 검거 사건으로 1935년 공식 해산당했다.

카프가 주도한 '계급해방운동'은 식민지 현실에서 명백히 민족해방운동의 일환이었다. 그런 점에서 카프의 문예활동

(1925~1935)은 시대 요구에 부응하는 '계급해방운동'이자 민족해방운동으로 문학의 작품성과 예술성, 그리고 역사상 의의를 인정하지 않을 수 없다. 따라서 카프 초기 맹원이었지만 30년대 들어서 팔봉 김기진과 함께 일제에 전향한 박영희의 표현대로 '얻은 것은 이데올로기이고 잃은 것은 예술'이라는 전향 성명은 변절자의 황당한 자기변명일 뿐, 결코 역사의 진실일 수 없다.

카프 작품 가운데 「빼앗긴 들에도 봄은 오는가」(1926), 『낙동강』(1927), 「우리 오빠와 화로」(1929), 『상록수』(1935), 『고향』(1936) 등 수많은 작품들이 빼어난 수준을 넘어서서 당대 조선 최고의 문학작품들로 존재해 왔고 오늘날도 인정받고 있기 때문이다. 실제로 이기영의 『고향』(1936)은 이광수의 『흙』과는 비교조차 되지 않는 당대 식민지 최고의 농민소설로 인정받았기 때문이다.

카프 문학작품이 일본 좌파 문학을 모방하고 흉내 낸 하찮은 것으로 치부하는 염무웅의 비평 또한 가당찮기는 매한가지다. 일제로부터 추방당하는 조선 노동자들의 애처로운 처지를 위로하고 투쟁을 격려하는 나카노 시게하루의 시, 「비 내리는 시나가와역」(1929.2)에 대해 문인 임화가 답시 형식으로 쓴 「우산 받은 요꼬하마의 부두」(1929.9)가 일본 좌파 문학의 영향을 받은 것은 맞다.

그렇지만 임화가 쓴 「우산 받은 요꼬하마의 부두」(1929.9)는 식민지 조선의 특수한 현실을 담아낸 '조선적인' 성격의 작품이다. 나아가, 노동자 연대 의식을 지향하는 작품으로 미적 가치를 추구하는 예술성이란 측면에서 오히려 나카노 시게하루의 작품을 훨씬 뛰어넘는 수작이다.

그 단적인 표현으로 임화는 추방당한 조선 청년이 사랑했던 일본인 여성을 "오오 사랑하는 '요코하마'의 계집애"로 부르며 "눈물 흘리지 말고…(중략) 섭섭해 하지도 말며…(중략) 사랑하는 사나이를 이별하는 작은 생각에 주저앉지 말고…(중략) 또다시 젊은 노동자들의 물결로 네 마음을 굳세게 할 것"을 주문한다. 그러면서 "피곤한 네 귀여운 머리를 내 가슴에 파묻고 울어도 보아라 웃어도 보아라"며 국경을 넘어 굳건한 노동자 연대 의식을 노래하고 있다.

문인 '임화'는 가정 사정으로 비록 보성고보를 중퇴했지만 놀라울 정도로 무서운 독서광이었다. 그가 20대 시절 『임금 노동과 자본』을 비롯해 마르크스 저작을 탐독했고 30대엔 헤겔의 『정신현상학』에 심취했던 인물이다. 일찍이 열여덟 살에 프로이트의 정신분석학을 탐독해 조선일보에 '정신분석학을 기초로 한 계급문학 비판'을 기고했던 보기 드문 문학 천재였다. 마르크시즘에 심취한 채, 일본 유학을 다녀온 카프 창립 멤버 팔봉 김기진과 스물한 살에 '예술 대중화 논쟁'(1928~1929)을 벌였던 인물이 바로 청년 '임화'였다.

무엇보다 청년 '임화'는 일제 강점기 조선어 표준어 사용에서 '조선어학회류의 관념론'을 통렬히 비판하며 조선 민중의 언어를 강조했던 인물이다. 그가 일제에 맞서 조선어학회가 주도한 표준어 제정에 서명을 보탬으로써 힘을 실어주었지만 그는 서울지역 중류 계층이 쓰는 '이상음'보다 조선 민중이 일상에서 쓰는 '현실음'을 중시했던 인물이다. 민중의 언어야말로 생명력을 담보하기 때문이고 살아있는 언어로 기능하기 때문이다. 이 부분은 평소 문인 '임화'를 존경했던 김수영 또한 매우 높게 평가했던 내용이다.

시인 정지용은 해방 전 '제일 무섭게 생각한 인물'로 문인 '임화'를 거론할 정도로 임화는 당대 대단한 실력자였다. 해방 직후 좌우를 아우른 「조선 문학가동맹」 초대 의장이 서른여덟 살 청년 '임화'였다는 사실은 해방공간 그의 위상이 어느 정도였는지 가늠해 볼 수 있는 단초가 된다. 김남천은 문인 '임화'를 "예술운동의 우수한 운전수"로 인정했을 정도로 문단 내에서 그의 능력을 높게 평가했다.

민족을 배반한 기회주의 문인들을 기리는 친일문학상들이 오늘

날 여전히 존재한다. 조선일보의 「동인문학상」, 중앙일보의 「미당문학상」, 한국일보의 「팔봉비평문학상」처럼 8년 전 한국문인협회에서 이광수와 최남선을 기리는 「춘원문학상」, 「육당문학상」을 시도한 적이 있었다.

특히 한국일보의 「팔봉비평문학상」은 태평양 전쟁에 총알받이로 참전할 것을 종용한 팔봉 김기진을 기리는 친일 문학상이다. 이러한 상을 1990년 한국일보가 주관해 제1회 수상자로 김현, 제2회 수상자로 김윤식, 그리고 제7회 수상자로 염무웅을 선정했다.

최원식 인하대 명예교수는 1998년 「팔봉비평문학상」 제9회 수상자로 선정됐지만 유일하게 거부했다. 2024년 현재 「미당문학상」처럼 팔봉 김기진을 기린 「팔봉비평문학상」이 3년째 중지된 상태이지만 조선일보가 매년 수천만 원의 상금으로 유혹하는 「동인문학상」처럼 언제 되살아날지 모른다.

일제에 맞서 문학을 무기로 투쟁했던 청년 '임화'를 생각한다면 문인 '임화'를 폄훼하고 왜곡, 악마화한 김윤식, 김현, 염무웅 그들이야말로 '민족 문학'을 운위하기 이전에 평론가로서 자신을 성찰해야 할 일이다.

한국 문단의 주류 비평을 장악한 채, 문학 권력을 행사하는 평론가들은 자중하고 성찰해야 마땅하다. 최소한 '민족'의 이름으로 '민족 문학'을 왜곡하거나 팔지 말아야 한다. 아니 적어도 '민족 문학'을 입에 담을 거라면 친일 문인의 거두 「팔봉비평문학상」을 거부해야 마땅하다.

친일문학상의 부활을 노리거나 돌아가면서 수상하는 추태를 연출하기 이전에 그 친일문학상들을 온전히 폐지해야 옳다. 문단의 역사정의를 실천하고 나서 그 다음에 임화의 민족운동과 임화의 30년대 조선학 운동, 그리고 '민족 문학'을 말해야 설득력이 있지 않겠는가!

글쓴이: 하성환(현대인물사연구자)

머리말

이 세상에는 수많은 우상들[1]이 있다고 합니다.

그 중에 '극장의 우상'이라는 게 있습니다. 우상은 뭐 인간의 정신을 사로잡고 있는 것으로, 그러나 현실적으로 이런 우상이 정신을 마비시키고 진실을 은폐하는 것도 부정할 수 없는 사실입니다. 그러니까 여기, 극장의 우상만 보더라도 은막 뒤에서 거대한 음모들이 그럴듯한 각본으로 꾸며져 무대에 올려지듯이, 또 하나의 극장 같은 현실 세계에서도 이와 유사한 일들이 수없이 일어나고 있습니다.

가령, '망치 철학자'로 유명한 독일 철학자 니체와 역시 독일의 국민 음악가 바그너는 같은 음악을 하는 동호인으로서 한때는 매우 친한 사이였습니다. 그러다가 둘 사이에 균열이 일기 시작하고 좁힐 수 없는 거리가 생기기 시작한 것은 바그너가 독일의 영웅설화를 구워 만든 민족서사시 〈니벨룽의 노래〉를 가극으로 꾸며 무대에 올리면서부터였습니다. 중요한 것은 이 가극이 히

---

[1] 프랜시스 베이컨, 〈신기관〉, 한길사, 2001

틀러에 의해 열광적으로 칭송되면서-왜냐하면 장엄한 민족서사시 〈니벨룽의 노래〉에서 두드러지게 강조되었던 점은 바로 '충성심'이었기 때문입니다-바그너는 일약 독일의 국민철학자 헤겔처럼 독일의 국민 작곡가가 되었다는 점입니다. 바로 여기서 니체는 예의 날카로운 비판적인 눈으로 동료가 권력과 어용의, 종속적인 노예의 길을 가고 있음을 눈치챘던 것입니다. 철학은 위대한 거절입니다.

자, 이쯤되면 눈치빠른 우리의 위대한 독자들은 벌써 알아챘을 것입니다. '아니 이 자식이 모종의 망치를 또 휘두를 모양인 갑다' 하고 말입니다. 그렇습니다. 늘샘은 지금 문제작 〈청년 임화〉를 어렵게 토해 놓고는 그 무엇인가 아쉬워 또 이렇게 글을 쓰고 있습니다. 대체 그 무엇인가는 무엇인지... 그것은 전체 주제에 대어 책을 쓰다 보니 정작 임화하면 가장 유명한 시에 해당하는 '네거리의 순이'를 비롯한 프로시의 시적 성취를 제대로 톺아놓지 못했다는 그놈의 미련 때문입니다. 그러니 뭐 어쩔 수 없습니다. 글 또한 하나의 서사적 욕망의 세계이니, 나는 다시 임화 오디세이의 대장정을 떠나지 않을 수 없습니다.

늘샘이 임화 오디세이를 멈출 수 없는 중요한 또 다른 이유 중의 하나는 일본의 원전 오염수 방류가 실시되고 있는 가운데 마치 빅 부라더 같은 대형 TV에서 '오염수 방류는 수산물에 영향을 미치지 않는다'는 조작된 (국가의) 광고가 끊임없이 송출되고 있는 현실처럼, 꼭 그처럼 임화(시)에 대한 왜곡된 이야기들 또한 어디에선가 수없이 만들어지고 유통, 재생산, 우리의 정신을 마비, 고정시키고 있기 때문입니다. 가장 대표적인 경우로, 첫째는 해방 이후 좌익 문단의 최대 독설가 김동석의 '병든 지식인'이라는 독단입니다. 둘째로는 유종호, 이남호 등의 이른바 '시적 실패'라는 왜곡된 평가입니다. 셋째로는 한국 문단의 살아있는 거벽 염무웅의 임화 저격입니다. 첫째는 〈청년 임화〉에서 충분하게 해명이 되었으므로, 이번에는 둘째와 특히, 셋째 이야기를 중심으로 좀 더 밀도있게 다루어 보았습니다.

이 글은 기본적으로 '예술사회학'의 관점을 유지하고 있는 문예비평서입니다. 방법론이 없을 수 없으니, '마르크시즘'과 '정신분석학'과 '기호철학'이라는 서구의 최고 최신의 문화이론을 막대 삼아 한국적 이야기Korean narrative를 가미한 구술 형식으로 임화가 이룬 시적 성취의 실체가 어떤 것이었는지, 과연 대단했는지 부족한 재주지만 한번 해명해 보고자 합니다.

다만 즐거운 여행을 누리시길 바랍니다.

감사합니다.

| 차 례 |

- 이 책을 추천합니다 / 2
- 머리말 / 13
- 서문 | 한국의 평단에 진실은 존재하는가 / 19
- 본문 / 29

  1. 문제 제기 / 30

  2. 대체로 계급해방운동이 왜 문제인가 / 37

  3. 카프의 작품들은 관념 과잉의 미숙한 조제품에 불과한가 / 79

  4. 카프의 작품들은 과연 일본 좌파 문학을 어설프게 답습한 것이었나 / 128

     - 보론 / 임화 프로시의 내재적 기원

  5. 카프는 실제로 외형만의 껍데기 조직이었나 / 180

- 결어(또는 요약) / 191

- 부록 / 201

  한국 저항시의 계보학 – 해방 공간의 '임화 클럽'을 중심으로 / 202

- 참고문헌 / 239

일 러 두 기

−이 책은 기본적으로 현행 한글맞춤법 규정을 준수합니다.

−다만, 한 편의 비평서이자 작품으로서 감상의 효과를 내기 위해, 또 대중적 어법의 감성화 경향, 간략화 추세 등을 반영하여 더러 어법의 파괴를 감행했음을 알립니다.

가령, '면'을 '먼'으로, '겠'을 '것'으로, '못'을 '모'로, '어떻게'를 '어티케'로 등

−'형태소'에 기반한 근대의 표준 어법語法은 획일적이라는 한계를 지니고, 이는 사실 일종의 상징폭력형태로 다양성을 해치는 비민주적 잔재입니다.

−누구나 주인공인 대중서사시대, 비평 또한 하나의 작품으로서 나에게는 나에게 어울리는 나만의 개인적 어법이 필요한 시대입니다. 그것은 기본적으로 스타일의 문제이고, '목소리voice'의 문제이기도 하기 때문입니다.

−또한 읽기 문화의 개선을 위해 단락을 중심으로 시원하게 편집을 하였고, 따라서 자연 '들여쓰기'의 필요를 느끼지 않았습니다.

−이런 점 등을 넓으신 아량으로 이해해 주시길 바랍니다.

"기호란 항상 그 누군가를 위한 기호이다."

-허창운 편저, 〈현대 문예학의 이해〉, 창작과비평사

서문

한국의 평단에 진실은 존재하는가?

시인 임화林和!

그는 한국적 패거리의, 공모비평의 비극적 희생양이었습니다.

이 글은 한국(문학)의 평단에 나타난 이념적 편향을 교정하려는 시도로, 특히 '좌파몰이'에 앞장선 우파 부르주아 주류 평론가들에 대한 가차 없는 실명 비판을 담고 있는 거침없고 신랄한 문예비평서입니다.

그러니까 이 글은 대적 전선을 분명히 취하고 있는 이데올로기 텍스트이자 잘못 읽히고 있는 특정 작가에 대한 비평적 아폴로지의 성격을 온전하게 보여주고 있습니다. 그렇기에 더욱 호오好惡의 감정을 넘어 시비是非를 가리는 냉혹한 이성의 문법을 보여주고 있습니다. 그중에서도 이 평문은 일제하 한국프롤레타리아예술가동맹이라는 카프KAPF, 특히 시인 임화에 대한 외눈박이 비평가들의 이념적 편향이 정상의 궤를 넘는 편가르기에 비평의 염도를 지켜야 할 평단의 매우 오염된 현실에 대한 올바른 진단을 보여주고자 하는 도발적인 에세이입니다.

임화는 한국민족문학의 '문화적 결절점cultural node'입니다. 민족의 가장 어두웠던 시기, 카프의 세크러터리로 발군의 시인이자 비평가, 문학사가로 고전이 된 〈개설신문학사〉-이 작품은 김태준의 고전 〈조선소설사〉에 대한 경쟁의식에서 나온 미완의 대작으로, 김현과 김윤식으로 하여금 아류작 〈한국문학사〉(민음사)를 쓰게 하는 동인이 되었다 할 만큼 그 거대한 원형을 지닌 한국민족문학사의 보화寶貨입니다-를 집필한 당대 최고의 문화계 명사이자 조선학의 거두로, 해방 이후 좌우 연합의 조선문학가동맹의 맹장으로 그를 빼놓고는 한국민족문학을 논할 수 없을 정도로 그는 한국민족문학건설의 사북의 자리에 있었던 중요한seminal 문화인이었습니다.

좀 더 거리를 두고 객관적으로 보아도 그가 주도한 카프는 당당한 한국민족문학사의 주류였습니다. 민족시인 이상화의 '빼앗긴 들에도 봄은 오는가', 심훈의 〈상록수〉, 조명희의 〈낙동강〉, 최서해의 〈탈출기〉를 비롯한 여러 경향소설들, 한설야의 장편 〈황혼〉, 이기영의 빼어난 〈서화〉와 최고 최대의 걸작 〈고향〉, 그리고 임화의 '네거리의 순이' 등 프로시들을 빼놓고 한국의 민족문학사를 기술할 수 없을 정도로 카프는 한국민족문학사의 핵심적 역할을 감당해 냈습니다.

그러나 현실은 참으로 두터운 벽이었습니다. 김윤식, 김용직 등 거벽들의 뛰어난 선행 연구물을 종합, 비판하여 졸저 〈청년 임화〉(사실과가치, 2023)를 통해 임화의 진실을 알리려고 써낸 두꺼운 고투의 결과물을 주요 일간지에 보도자료와 함께 보내도 어느 매체 하나 꿈쩍하지 않습니다. 뭐 계란으로 바위치기라니 현실적인 이념의 벽은 이렇게도 높고 험합니다.

좌파문학의 맹장인 임화에 대한 냉대는 무론 냉전 이데올로기인 반공 이념 때문입니다. 그러나 우리 스스로 이루어 낸 '87년 민주화 항쟁의 힘으로 임화를 포함한 일부 월북 또는 납북 문인들이 해금되기에 이르렀습니다. 지지난해는 정전 70주년이자 임화 70주기를 맞는 해이기도 했습니다. 정전이 있던 그해, 1953년 8월 6일 임화는 북에서 '미제스파이'라는 반국가적 죄명으로 박헌영, 이승엽 등과 더불어 형장의 이슬로 사라졌으니 말입니다. 그러나 이것은 어디까지가 진실일까요? 이것은 참으로 많은 논란이 되어왔던 문제입니다. 대체 어떤 것이 진실인지의 여부를 가리는 방법으로 그 신화(론)로서의 기호의 가짜fakes를 분별하는 방법이 있습니다.

잘 알다시피 이 세상에는 실로 수많은 일군의 미신들이 있습니다. 가장 대표적인 것에 종교적 미신이라는 게 있습니다. 뭐 천국이 곧 도래할 것이라는 겁니다. 정치적 미신도 있습니다. 정치인이 알아서 잘 해줄 것이라는 순진한 생각—이건 한국의 시인 김수영('육법전서와 혁명')의 말이기도 합니다. 김수영, 그는 일찍부터('묘정의 노래', '공자의 생활난', '달나라의 장난' 등) 국가주의의 음험한 기도를 날카롭게 쏘아보았던 자로, 시인을 넘어 날이 갈수록 빛을 더하는 거대한 사유의 소유자입니다—말입니다. 철학적 미신 또한 있습니다. 철학은 현실을 다루지 않고 존재의 본질을 다룬다는 전통의 형이상학적 관념론 말입니다.

중요한 것은 여기, 또한 하나의 일상화된 말씀으로서의 신화적 미신의 세계가 있습니다. 이것은 유명한 바르트의 신화론 mythologies입니다. 이것은 또한 베이컨이 말하는 바의 '시장의 우상'입니다. 이것은 모든 우상 중에서 가장 성가신 우상으로, 이른바 언어와 명칭이 사물과 결합해 지성을 혼란스럽게 만드는 것입니다. 그러니까 사람들은 자신의 이성이 언어를 지배한다고 믿고 있지만, 실상은 지성에 반작용하여 언어가 지성을 움직이는 경우입니다. 가령 다음처럼 말입니다.

'임화는 월북시인이고 미제스파이다'

이것은 그 어느 것이고 가장 나쁜 의미에서의 비합리적이고 비과학적인 신화 중의 하나이고 이데올로기화된 왜곡된be distorted 의식의 한 형태이지만 여기, 신화적 미신 또는 시장의 우상은 분명 타기해야 할 사회적 질병으로서의 가장 나쁜 질병 중의 하나입니다. 그리하여 우리 이야기는 '임화'라는 존재와 그에 대한 담론이 어터케 신화적 미신에 의해 끊임없이 의도적으로 조작, 배제, 유통, 재생산되어 re-productioned 왔는지 지식과 권력 간의 부패 카르텔을 퇴치하고자 하는 기도에서 출발합니다. 가장 대표적으로 전 서울대 출신들이라는 일군의 지식인 무리들이 있습니다. 김윤식을 비롯 김현, 조동일, 유종호, 최원식, 백낙청, 염무웅까지 때한민구 최고의 엘리트라는 이들은 하나같이 임화죽이기에 앞장선 문학 권력의 제일 주구들입니다. 뭐 괴물엘리트 집단이라 아니할 수 없는 이들이 내세우는 한결같은 신조의 공통된 전제는 바로 '임화는 월북시인이고, 미제스파이이며, 그의 작품은 거칠고 형편없다'라는 사회적 낙인에서 출발합니다. 이렇게 이념에 작품까지 그에게 덧씌워진 검은 천은 그에게는 치명적이었을 뿐 아니라 한국의 문학사를 대하는 우리의 시선을 극심하게 왜곡시켰습니다.

그러나 이것은 우연이 아닙니다. 아니, 결코 우연일 리 없는 이 시대의 슬픈 자화상이자 문화 폭력의 한국적 현상학입니다.

이것은 마치 고대 신전의 사제들이 최고 권력자와 진실의 거래 관계에 있었듯이(헤로도토스, 〈역사〉), 이들이 하나같이 전 서울대라는 국책대학교 출신들이라는 데에 우리는 지식인이 본질적으로 정치 권력과 손이 닿아 있는 사제적 뿌리를 지닌 기회주의적 인간이라는 명철 사르트르(《지식인을 위한 변명》)의 통찰을 마주합니다. 그러니까 저들은 분명 임화의 진실을 너무도 잘 알고 있는 놈들입니다. 즉 임화는 일제하에서 조선 민중을 위해 전위에서 싸운 카프의 맹장이고, 해방 후에도 미제국주의 세력과 싸우다 체포를 피해 월북한 투사였음을… 그런데도 한결같이 임화는 월북시인이고, 미제스파입니다.

자, 이쯤되면 시장의 신으로서의 신화적 미신이 얼마나 강고한 것인지를 알 수 있습니다. 사실 임화가 일제 당시뿐만 아니라 해방 이후에도 조선문학가동맹의 의장으로 주도적으로 활동하고, 1948년 남북정당 및 사회단체대표자회의에 남로당의 대중조직인 민주주의민족전선(민전) 산하 조선문화단체총연맹의 대표 자격으로 회의에 참석하여 남한의 단독정부 수립을 위한 선거에 반대하고, 전국적인 통일정부 수립을 지지한 사실들은 잘 알려지지 않았습니다.

그러나 결과적으로 남북에 서로 다른 적대적 정부가 들어서고, 무력에 의한 통일을 추구하는 과정에서 임화는 미군정의 탄압을 피해 불가피하게 월북을 하게 되었던 것이고, 또한 그들과 싸우기 위해 전쟁에도 참여했던 것입니다. 그러나 어딜 미군정에 의해 좌절된 서울대(前경성제국대)의 국대안 투쟁, 즉 해방을 맞았으나 미군정을 등에 업은 세력에 의해 결과적으로 이 나라의 자주적 교육 개혁이 좌절된 과정(하성환, 〈한국교육운동의 역사와 전망〉)에서 이념적으로 사육된 서울대 엘리트 사제집단은 교과 헤게모니를 장악해서는 거기에 또 박아넣었습니다. 접근해서는 아니 될 하나의 금기taboo로 임화는 월북시인이고 미제국주의 스파이였다고…

국가에서 만든state-penned 문학 교과서의 힘은 실로 막대합니다. 거기서 우리는 먼저 가장 악질적인 친일문인 김동인의 〈감자〉를 배우고, 서정주의 '자화상'을 배우며 자랐으니 말입니다. 그러나 이들을 신화화시키고 우상으로 만든 건 김윤식과 김현이었습니다. 장외에서 악질 친일문인의 선봉에 선 김팔봉을 추켜세운 염무웅은 또 어떠한지… 그들, 친일문인들과 그들을 신화화시킨 우리의 평론가들은 그러나 모두 임화의 호적수들입니다. 그들이 주도가 되어 만든 교과서와 텍스트 어딘가에 그들은 '민족'이라는 (희생의) 아편을 박아넣는 것도 잊지 않았습니다. 바로 여기에서 그들에 의해 자행된 임의적이고 상징적인 분류학의 전횡 속에서 우리의 임화가 어떤 이념적 지형 속에 놓여 있었는지를 생각하게 됩니다. 그런 속에서 외눈박이 눈깔을 단 때한민구의 이념의 사제들은 주술처럼 외칩니다. 임화는 월북시인이고 미제스파이라고…

모든 것은 특정한 관계 속에서in certain relations 일어나는 일입니다. 그들은 이렇게 해서 남과 북의 적대적 공존 체제 하에서 자신들의 안위安位와 안존安存을 위해 임화를 희생양으로 모는 데 주저하지 않은 역사의 공모자들입니다. 바로 여기서 그 한국적 정실비평의 한 형태로서의 그들끼리 노는 이른바 '**패거리 비평gangster's review**'이 탄생하였습니다. 이것은 믿기 어렵고, 그래서 받아들이기 힘들지만 분명 냉혹한 진실hard truth입니다.

그들에게 배운 순진한 후학들이 스승의 후광으로 좋은 자리를 이어받고 또 자신의 제자들에게 가르칩니다. 앵무새처럼... 임화는 월북시인이고 미제스파이라고... 이렇게 해서 층층시하 계열체를 이룬 재생산의 교육시스템 하에서 임화는 결국 하나의 이미지로만 남게 됩니다. 그는 죽일 놈이라고...

모든 혁명의 역사는 인식론적 전환으로서의as an epistemological transition, 은폐와 개진의 역사입니다. 그러나 우리의 근대 교육의 역사는 참으로 거짓fakes 신화의 역사였으니, 이제부터 계몽과 이성으로서의 혁명의 역사-한국문학사도 마찬가지로-를 다시 쓰지 않을 수 없다고 전제할 때에 있어서, 그것은 무엇보다 인식론의 혁명이요, 유명론의 혁명이요, 언어의 혁명이 아니면 안 되는 이유가 여기에 있습니다. 왜냐하면 인식론으로서의 언어의 혁명은 바로 거짓 신화라는 우상과의 유명론적 투쟁으로서의 시민적 혁명의 역사이기 때문입니다.

비록 늦었지만 우리는 진실의 신부를 맞이할 용기를 지녀야 합니다. 그러기 위해서는 진실을 애써 부정한 저 비겁한 시장의 외눈박이 우상들을 몰아내야 합니다. 진실의 세계는 '은폐close'와 '개진disclose'의 아름답고 거대한 힘겨루기입니다.

나는 그렇게 봅니다.

본 문

1. 문제 제기

프랑스의 낡은 지성 사르트르(《문학이란 무엇인가》, 민음사)는 글쓰기를 하나의 '**기도try**'로 보았습니다. 그러나 이는 지금에도 낡지 않은 참으로 적실한 표현입니다. 왜냐하면 도대체 아무런 의도를 지니지 않은 글은 없기 때문입니다. 그것이 비록 감상을 보여주고 있는 한 조각의 짧은 시이든, 인물의 이야기를 통해 주제를 제시하는 긴 소설의 세계이든, 아니 뭐 자유롭게 쓴 가벼운 에세이든 글에는 글쓴이의 목소리가, 주관perspective이 담겨 있게 마련입니다. 더구나 그 무엇에 대한 (미적) 심판을 본위로 하는 주제 평론의 경우에는 더욱 하나의 분명한 목적을 지니고 쓴 주관적인 눈깔을 지닌 글이므로 일차적으로 '객관성'을 유지하는 게 생명입니다.

이런 관점에서 나는 졸저 《청년 임화》에서 해방공간의 명평론가 김동석론을 통해 그가 임화 시에 가한 '가혹한' 비판이 과연 온당했는가를 따져 물은 바 있습니다. 자, 이번에는 한국의 평단에서 임화의 시적 성취에 대한 '악의적인vicious' 비판이 수그러들지 않고 계속해서 재생산되고 있는 현상이 어떤 이데올로기적 의미를 지니는지 좀 더 **'근본적인radical'** 접근을 시도해 보고자 합니다. 여기서 말하는 이데올로기는 현실적인 상황, 그중에서도 계급적 지배 관계를 은폐할 뿐 아니라 동시에 그것을 정당화 또는 미화(또는 악마화)시키는 것을 특징[1]으로 합니다. 이 글은 이렇게 은폐와 정당화, 미화(또는 악마화)를 일삼는 일부의 부르주아 이데올로그 세력에 의해 특정 이데올로기가 어떻게 이들에 의해 의도적으로 확대, 발전, 재생산되어 특정 방향으로 가공되면서 지배관계를 더욱 공고화하는데 기여하고 있는지, 그러한 몰염치한 현실을 구체적인 사례를 들어 비평하고 있는 것으로, 이 글은 비평에 대한 비평으로, 하나의 메타비평이자 궁극적으로는 임화 프로시에 대한 아폴로지가 될 것입니다.

먼저, 현재 강단을 대변하는 이남호 교수부터 보겠습니다. 그는 재출간 〈카프시인집〉(열린책들, 2022) '해설'에서 말하길,

김기진에 의해 높이 평가되며 〈단편서사시〉로 명명된 임화의 일련의 시들은, 서간문 형식과 서사적 구도라는 특징을 지닌다. 이러한 시들은 투쟁의식의 고취를 목적으로 하고 있지만, 시 속의 인물들은 대체로 힘없고 무기력하며 가족이나 이성 간의 애정으로 매개되는 경우가 많아 서정적이고 애상적인 분위기가 농후하다.

---

[1] 유팔무, '이데올로기 분석과 비판의 방법론', 〈경제와 사회〉, 1991.

라고 객관적 해설을 넘어 주관적 평을 달았습니다. 뭐 임화의 단편서사시가 무기력하고 애상적이니 평가할 만한 작품인지 의심스럽다는 것입니다. 자, 이것은 계보학적으로 보건대, 김동석의 '병든 시인'으로서의 심하게 왜곡된 임화론과 전혀 다르지 않은 것입니다. 이것은 즉각적인 반발을 일으키는 악의적인 해석입니다. 한국 저항시의 기원에 해당하는 임화의 프로시를 놓고 애상적이라니 너무도 터무니 없는 해석이기 때문입니다.

또한, 한국의 평단 지형에서 거벽巨擘의 위치를 점하고 있는 문학평론가 염무웅은 최근 자신의 글('김수영이 수행한 문학사의 전환-그의 역사적 위상에 대한 단상들', 〈김수영에서 김수영으로〉, 18쪽, 솔, 2022)에서 말하기를,

카프의 주요 문인들, 이기영 한설야 최서해 김남천 등 소설가와 임화 김창술 박세영 권환 등 시인들의 이념적 목표는 계급해방이었으나 그들이 내놓은 문학적 결과는 관념 과잉의 미숙한 조제품에 그치는 수가 많았고, 그나마 일본 좌파 문학을 어설프게 답습한 것이었다. 그럼에도 카프는 그 시대의 세계사적 조류에 힘입어 1925년부터 10년 동안 외형상 문단의 패권을 장악했다.

라고 했습니다. 도대체가 소설가들이고 시인들이고 카프의 작품들은 수준 이하의 믿을 수 없는 작품들이라는 것입니다. 무

론 그의 발언은 김수영 100주년을 기념하기 위한 특별한 자리에서 나온 언표라는 사실을 감안해야 할 필요가 있는 두터운 평문입니다. 그러니까 우리는 A(김수영)를 얘기하기 위해서 B(임화)를 얘기하는 경우가 있는데, 이때는 대부분 A를 강조하기 위해 B를 희생시키는 경우가 종종 있다 이 말입니다. 그러나 다르게 보면 이때 B를 희생시키기 위한 전략의 하나로 강점보다는 약점을 들추어내기 십상인데, 중요한 것은 이 때에 B에 대한 평소의 생각이 하나의 총평이자 결산처럼 무의식적으로 요약 표출된다는 점입니다. 그러니까 이 부분은 염무웅의 임화에 대한 평소의 속내가 자연스럽게 표출된 솔직한 그의 내면이라 할 수 있겠다는 것입니다. 그렇지만 아무리 그래도 그렇지 이것은 사실 임화를 비롯 카프 세력에 대한 개평概評치고는 너무 하지 않았나 하니 말입니다. 그러나 이것 또한 좀 더 거리를 두고 솔직하니 하는 말이지만 이 한국문학사라는 아키올로지컬한 계보적 맥락으로 보건대, 그 또한 저 부르주아 우파 평론가로 임화 저격수를 자임한 김현[2], 김윤식[3]처럼 카프의 실체를 부정하려는 연장에 있는 음험한 기도자企圖者가 아닐 수 없습니다.

---

[2] 김현은 〈현대한국문학의 이론〉(문학과지성사)에서 "일제하의 카프가 단 한 편의 우수한 작품도 내놓지 못하였다."고 극언에 가까운 망언을 서슴지 않는가 하면, 〈한국문학의 위상〉(문학과지성사)에서는 "임화는 창작에도 손을 댄 문학인이었으나, 시 분야에서는 뚜렷한 성과를 내지 못하였다."고 의도적으로 임화를 한국의 문학사에서 배제시켰습니다.

[3] 김윤식 또한 〈임화연구〉(문학사상사)에서 카프를 '거대한 사이비 조직체'라며 역사적 실체를 부정하기에 이르렀으며, 그 전에 쓴 〈한국근대문예비평사연구〉(일지사)의 '임화연구'에서 임화는 서구지향성의 진폭 내지 사정거리 속에서 끝내 탈출 내지 극복하지 못했다고 임화의 조선학에 기여한 역사적 사실을 애써 부인하고 있습니다.

자, 이것은 강단이든 평단이든 한국의 지성계를 대표한다는 명망 있(다)는 인사들의 카프, 특히 카프의 맹장 임화에 대한 대략적인 평가를 포함한 것으로 쉽게 지나칠 수 없는 부분입니다. 뭐 그들은 영향력 있는 인사들이기 때문입니다. 이것은 비평도 하나의 주관으로서의 이념을 드러낼 수밖에 없는 이데올로기적 문예활동으로 볼 때에 있어서 하는 말이지만, 이것은 분명 **'악의적인vicious'** 태도입니다. 더구나 염무웅의 경우, 그가 진보 저널을 대변한다는 하나의 상징 권력a symbolic power[4]을 지닌 자로서 평단의 높은 자리에서 늘 주례사 평론 식으로 뇌는 이런 악의적인 **'일반화 매도의 오류'** 는 적지 않은 독소를 지니고 순진한 후학들의 영혼의 모세혈관에 주입될 것을 생각하면 실로 끔찍한 일이 아닐 수 없습니다. 대체 김동석, 김윤식, 김현, 백낙청, 조동일, 최원식, 유종호, 이남호, 염무웅 등 이른바 한국 최고의 지식 권력을 지닌 괴물 엘리트들의 이러한 **'임화죽이기 카르텔Kill Lim Hwa Cartel'** 이라니, 여기에는 그 어떤 거대한 음모가 도사리고 있는지... 즉 공동의 먹잇감을 놓고 카르텔 관계를 형성하고 있는 기업연합체들이 그들끼리는 가격을 고정시키는 등 담합의 방법으로 서로 간에 경쟁하지 않을 것을 협정하는 것처럼, 꼭 그처럼 그들 또한 공동의 이해관계를 지닌 자들로 임화의 진실에 대해서는 불문곡직하고, 그는 다만 **'월북 시인이고 미제스파이이며, 수준 미달의 시인'** 이라는 딱지를 붙이고 마

---

[4] 피에르 부르디외, 〈언어와 상징권력〉, 나남, 2020.

는 것처럼 말입니다.

그렇다면 임화가 월북시인이고 미제스파이라는 것은 대체 어디까지 사실이고 어디까지가 진실인지… 아니, 그보다 당장 그의 시적 성취가 과연 그렇게 별 볼 일 없는 것인지… 이에 나는 문제의 〈청년 임화〉에서 못다 한 이야기를 풀어볼 요량입니다. 아니, 나는 진실을 가장한 이런 문화적 야만의 음험한 폭거가 지닌 가면의 실체를 백일하에 드러내고, 이를 널리 알리고자 합니다. 도대체 임화가 1987년 민주화의 영향으로 1988년 공식적인 해금을 맞은 지가 몇 해인데 한국이라는 문학 권력의 장field에서 임화는 아직도 해금 이전입니다. 대체 진실은 무엇인지, 이 진실을 반드시 해명하지 않으면 안 되고, 탈은폐 시키지 않으면 안 되는 것은 이 진실을 호도하는 가짜faker 부르주아 인간상들의 망언을 더는 그냥 두고 묵과할 수 없기 때문입니다. 다소 두서없고 무질서할 수 있으니 특히 평단의 주장主將 염무웅의 망언에 대해 아래와 같은 순서로 반박을 해 보겠습니다.

첫째, 대체로 계급해방운동이 왜 문제인가.

둘째, 카프의 작품들은 관념 과잉의 미숙한 조제품에 불과한가.

셋째, 카프의 작품들은 과연 일본 좌파 문학을 어설프게 답습한

것이었나.

넷째, 카프는 실제로 외형만의 껍데기 조직이었나.

자, 그러면 인자 본문으로 서서히 들어가 보겠습니다.

2, 대체로 계급해방운동이 왜 문제인가

대체 한류와 난류가 만나는 곳에 어물이 많다던가요?

세계사를 일별해 보건대, 사회생활의 어느 국면을 관찰하든 하나의 전환점이 있는 것으로, 그것이 유럽에서는 전 대륙에 걸쳐 **'국민들의 봄'**으로 활짝 피어났다[5]는 1830년대였고, 그것이 일본의 경우에는 **'대정大正 로망'** 또는 **'대정 민주주의'**으로 상징되는 1920년대였습니다. 그러나 저 어두움으로 치닫던 일제식민지 하의 조선의 궁핍한 시기, 역설적이게도 우리에게 1930년대는 조선의 민중 문화가 가장 아름다운 꽃을 피우고 풍요한 열매를 맺었던 한국민족민중문학의 황금기였습니다. 가장 대표적으로 그것은 조선어학회의 말글운동을 비롯 홍기문, 김태준, 임화 등 **'조선학'**의 대성취로 나타났거니와, 대체 1930년대가 한국민족민중문학의 황금기였다는 것은 이 시기가 그만큼 결정적 시기a critical period였음을 암시합니다.

하나의 전환기로 식민지 시기인 1930년대가 한국민족민중문학

---

5) 에릭 홉스봄, 〈혁명의 시대〉 237쪽, 한길사, 2020

의 황금기이자 하나의 결정적 시기였다는 것은 이때를 전후하여 조선의 원기元氣가 지닌 본원적 힘이 대폭발했던 시기로 조선의 온갖 사회현실의 모순과 갈등, 이에 대한 민족적 저항과 계급적 운동이 극점을 드러냈다는 것을 의미합니다. 가장 대표적으로 신간회의 해체(1931)와 카프의 해산(1935)이 바로 이를 상징합니다. 자, 여기 **'온갖 사회현실'**은 무엇인지… 이 글은 우선 **'계급해방문제'**를 다루는 공간이니만치 인간과 사회현실의 **'관계'**를 밝히는 마르크시즘의 막대로 임화 프로시의 성취가 지닌 문학사적 의의를 좀 밝혀보겠습니다.

다음 말에서 볼 수 있듯이, 그 또한 하나의 문예이론으로 마르크시즘 문예학은 기본적으로 **'사회현실'**이라는 보다 큰 틀에서 문학이라는 현상을 바라보겠다는 신념입니다.

Despite their diversity, all Marxist theories of literature have a simple premise in common: that <u>literature can only be properly understood within a larger framework of social reality.</u>(밑줄-글쓴이)

-Ann Jefferson and David Robey, 〈Modern Literary Theory〉

여기, 사회현실의 특수한 관계를 잘 드러낸 유명한 사례가 있습니다.

흑인은 흑인이다. 그는 특정한 관계 속에서 노예가 될 따름이다. A Negro is a Negro. He only becomes a slave in certain relations. 면방직 기계는 면화에서 실을 뽑아내기 위한 기계이다. 그것은 일정한 여러 관계 속에서만 '자본'이 된다. 이런 관계들에서 떼어내면 그것은 자본이 아니다. 그것은 금이 그 자체로는 화폐가 아니고 설탕이 설탕 가격이 아닌 것과 마찬가지다.(밑줄-글쓴이)

-카를 마르크스, 〈임금 노동과 자본〉, 범우사

자, 내가 여기 마르크스의 주요 저서 중의 일부를 인용한 것은 결코 자의적인 선택이 아닙니다. 그러니까 좆도 아닌 내가 이 대목을 인용하지 않을 수 없는 이유는 첫째, 자신의 수필('어느 청년의 참회', 〈문장〉 2월호, 1940)에서도 한 이야기지만, 조선의 시인 임화가 '네거리의 순이'(1929. 1) 등 몇 편의 단편서사시를 써서 전 조선의 대호평을 받았던 것이 바로 카프의 초기 맹원으로 활동하면서 〈임금 노동과 자본〉을 비롯 이 저자의 꽤 두꺼운 저서(〈자본론〉-인용자)를 읽게 된 때문이고, 둘째, 인용된 부분과 관련하여 임화는 분명 자신의 프로시가 지닌 **'사회적social'** 의미를 충분히 각성했을 것이라는 점 때문입니다.

어찌되었든 이를 일반화시키면 모든 것은 일정한 사회적 관계의 산물이라는 것입니다. 이것은 시 창작의 경우도 마찬가집니다. 그러니까 마르크시즘에서 중요한 것은 과연 '관계'라는 말입니다. 실체를 부정하는 것으로, 이러한 관계는 끊임없이 변화합니다. 중요한 것은 이런 마르크시즘의 '관계적' 사유를 임화 프로시에 대입해 보면 임화의 프로시가 왜 탄생하게 되었는지, 그 사회적 공기로서의 시대의 맥락을 이해할 수 있습니다. 임화의 프로시는 결코 그 혼자서 낳은 게 아니라 조선의 민중을 사랑한 그에게 당시 식민지 조선의 현실이라는 모순이 지닌 일정한 사회적 관계의 산물로 나타난 역사적 형식이라는 것입니다. 즉 임화 프로시는 일정한 사회현실이라는 조선적 **환경milieu**'이 낳은 것입니다. 그러니까 근대 초기의 한국의 문학사를 개관한다고 볼 때에 있어서, 계몽주의(최남선, 이광수)와 자연주의(김동인, 염상섭)와 낭만주의(홍사용, 나도향, 박종화, 박영희, 김기진, 이상화)를 거쳐 하나의 리얼리즘의 단계를 거치는 '경향적' 과정을 개괄해 볼 수 있는데, 이것은 그대로 조선의 현실에 대한 운명적 인식과 좌절감, 그리고 이에 대한 저항적 의지라는 시대의 조류와 관련된 것임을 생각해 볼 수 있습니다. 이런 '조선적' 문학사조의 일련의 과정의 배후에 하나의 정치사회적 배경으로 조선의 개화와 동시에 진행된 식민지화와 3.1혁명의 실패, 그리고 신간회와 카프의 정립이 놓인 것을 생각해 볼 수 있습니다. 이것은 과연 기호가 결코 중립적일 수 없음을 잘 보여주고 있는 것입니다. 가령, 김윤식은 〈임화연구〉(문학사상사)에서 "극단적인 세기말적 데카당스, 상징파적이고 유미주의적인 경향이 어째서 극단적인 계급사상에로 치달을 수 있었는가"라고 물음을 던지면서, 이것을 우리가 풀어야 할 '문학사적 과제'라 질문을 던지고 있는데, 이것은 곧 '백조파'가 어티케 몇 년 사이에 '카프파'가 되었는가 라는 것에 대한 의문으로, 실제로 〈백조白潮〉(1922)파의 기수였던 박영희, 김기진, 이상화가 얼마 안 있어서는 그대로 카프(1925)의 창립멤버이자 기수가 되었다는 것을 말하는 것으로, 그러나 이는 사실 문학사의 배후에 정치경제학이 놓여있다는 것을 달리 말해 놓은 것에 지나지 않는 것입니다.

임화(1908~1953), 그는 불과 20세, 약관의 나이에 장도壯途[6]의 한국민족민중문학의 건설을 위한 조선 청년의 야심만만한 기상과 웅장한 포부를 그만의 장장한 필치로 펼쳐놓았습니다.

혁토赫土

뭇 사람들의 잇삿에 올라
이미 낡은 지가 오래인 시뻘건 나토일지라도
그것은 조상의 해골을 파묻어 가지고
대대로 물려나려왔던 거룩한 땅이며

---
6) '장도'는 중대한 사명이나 장한 뜻을 품고 떠나는 길을 말합니다.

한없이 거칠어진 부지일망정
여기는 가장 신성한 숨소리 벌덕이며
이 땅의 젊은 사람들에게 끊임없이
귀 넘겨 속삭여주는 우리의 움이어라
분명코 그것은 무어라 중얼대는 것이다
침묵한 무언중에서 쉬일 새 없도록
그러나-그것을 짐작이나마 할 사람은
오직 못나고 어리석으며
말 한마디도 변변히 못 내는 백랍 같은 입 가지고 구지레한
백포를 두른 그리운 나의 나라의
비척어리는 사람의 무리가 있을 따름이다
오오! 그러나
비록 그렇게 못생기고 빈충맞인 친구일지라도
그것은 나의 동국인이요 피와 고기를 나눈 혁토의 낡은 주인이며-
나의 조선의 민중인 것이다

-1927. 1. 2 조선일보

여기, 당시의 '조선적' 환경을 암시하는 시적인 언어로 우리가 '시뻘건 나토'와 '거칠어진 부지'를 통해 혁토赫土, 즉 일제에 의해 시뻘겋고 거칠어진 황무지로 변한 조선의 참담한 실상을 연상할 수 있는 것은 전혀 사회역사적 상상력의 문제입니다. 그렇다고

해서 일정한 사회현실로서의 조선적 환경이라는 것은 일반적으로 말하는 실증주의적 차원positive dimension에서의 자연주의적 '**환경**milieu'과는 다릅니다. 즉 콩트 실증주의와 이로부터 영향을 받은 비평철학자 이폴리트 텐(《예술철학》)이 주장하는 환경이 프랑스 산업화 붐이 일던 1830년대 초기 현실의 '보전'이라는 보수적 관점을 유지하며 '질서'와 '발전'을 염두에 두고 있는 의미에서 '국민들의 봄'의 주인공들인, 현실긍정으로서의 포지티브한 자유주의자들의 현세적 환경이라면, 여기 임화에게 있어서의 조선적 환경은 '변화'에 방점을 찍은 의미에서 사회적 관계로서의 변증법적 환경입니다. 그래 조선의 민중에게서 신성을 발견하고 역사의 진정한 주인으로서의 민중의 가치와 의의를 부여한 것은 프로시인 임화의 사회적 의식의 결과입니다. 버림받은 조선의 민중, 그러나 그들은 임화에 의해 '신성가족the holy family'이 되었습니다. 임화의 초기시 '혁토'는 이렇게 민중을 역사의 주체로 호명하여 고무시켜내는 한국 저항시의 원류에 해당하는 작품으로, 우리가 이런 '혁토'를 우선 주목하지 않을 수 없는 것은 무엇보다 여기, '혁토'에서 나에서 우리, 조선 민중으로, 서정에서 서사로, 조선적 리얼리즘으로 가는 대도정이, 청년 임화의 오디세이가 시작되고 있기 때문입니다.

그렇다면 조선의 청년 시인 임화로 하여금 조선적 리얼리즘의 출발점이 되게 한 사회적 관계로서의 변증법적 환경은 구체적으로 무엇일까요? 그것은 무엇보다 식민자본주의의 현실에 따른 민족모순의 문제입니다. 그것은 일제의 조선 침탈 이후 수많은 동학농민군을 비롯 조선의 왕후를 살해하는 등 조선의 민중을 잔인하게 도륙내고 1910년 그들에 의해 강제로 병합이 되고 만 조선의 불행입니다. 이것이 다시 계기가 되어 전국적인 의병투쟁으로, 1919년 3.1혁명으로, 1926년 6.10만세운동으로, 1929년의 광주학생운동으로 항일 민족운동이 끊이지 않았던 이유입니다. 그러나 조선 민중의 저항은 번번이 좌절되었습니다. 그 변곡점이 1929년의 광주학생운동입니다. 그 앞뒤로 신간회 출범(1927)과 해산(1931), 카프의 탄생(1925)과 죽음(1935)이 있었습니다. 그러니 1930년대는 과연 조선의 암흑기였다고 볼 수 있습니다. 무無의 시간이랄까... 그러나, 그때는 죽음이 곧 탄생인 역사의 변곡점으로서의 조선사의 일대 전환기였습니다.

그러는 사이, 일제의 식민적 이식자본주의는 자본이 증대해 갈수록 그만큼 조선의 농민, 노동자의 수탈, 불행이 증대해 가는 계급적 모순이 드디어 1929년 세계적인 대공황을 전후하여서는 기어코 이를 돌파하려는, 그리하여 만주침략이라는 파시즘의 광풍으로 휘몰아치던 시대, 그들과 우리의 민족적, 계급적 모순이 집약적으로 폭발하고 만 것이 바로 조선사회의 그악한 환경이었던 시대, 이를 문학적으로 반영해야 할 시대의 현실적 요구라는 일정한 사회적 관계에서 계급해방을 본위로 하는 새로운 경향의 문제의식을 지닌, 이른바 **'경향문학'**으로서 일군의 카프계 소설가들과 시인들이 자생적으로 탄생하게 되었던 것입니다.

그리하여 20년대 말, 30년대 초 일제 점령이 장기화에 들어서고 민족간, 계급간 모순이 더욱 깊어지면서 주요모순이 **'민족'**에서 **'계급'**으로 전환되어 가는 때, 바로 이때를 전후하여 노동자, 농민의 전국적인 쟁의가 폭발하고, 이를 올바로 반영하여 인간해방이라는 예술 고유의 사명을 완수해야 할 데에 있어서 조선의 예술인들, 특히 카프의 문인들은-제1차(1931), 제2차(1934) 검거사건에서 보듯-그 모순의 전위에 서기를 마다하지 않았던 것이니, 가장 대표적으로 당시 조선 민중들의 가장 큰 사랑을 받은 이기영의 대장편 〈고향〉(1936)과 역시 조선일보에 연재되어 큰 호응을 받은 한설야의 장편소설 〈황혼〉(1936)이 방직공장의 쟁의를 모티프로 하고, 대중집회에 나선 민중들의 열광적인 찬사를 받은 임화의 대표적인 프로시 '양말 속의 편지' 또한 부산방적의 파업을 모체로 한 것처럼, 대체 카프와 문인들이 내놓은 작품들이 계급해방이었던 것은 또한 민족해방의 일환이었던 것입니다. 왜냐하면 자본가와 지주가 대부분 일인들인 현실에서 일상화된 계급적 모순은 그대로 민족모순과 크게 다르지 않았기 때문입니다. 공장 노동 기계소리('네거리의 순이'), 공장 제사기製絲機 용감한 청년('우리 오빠와 화로'), 데모 공장 쇠창살('우산 받은 요코하마의 부두'), 피켓 해고 기계틀('양말 속의 편지')등 임화 단편서사시의 대표작들 속에 드러나 있는 시적 인식소들은 모두 식민지라는 조선적 이식자본주의 환경에 처한 조선 민중들의 '쟁의爭議' 현실을 올바로 반영하고 있는 시대의 상징적 기표들인 것입니다.

그렇다면 전지구적인 또는 아시아적인 식민이식자본주의 체제에서 왜 민족적이고 계급적인 모순이 일상화되었는지... 그것은 누구라도 잘 아는 것처럼 당시 선진자본 제국주의 국가들의 대외적인 확장전략(이른바 '식민지 쟁탈전')과 관련되는 문제에서 비롯된 것입니다. 즉 18세기 초 영국에서 비롯된 산업혁명을 주도한 프랑스, 독일 등 유럽의 부르주아 세력들은 자본주의의 급격한 발전으로 폭발하는 인구와 의류와 공산품 등 넘치는 상품을 판매하기 위해 대외적으로 확장주의를 선택하지 않을 수 없었습니다. 즉 그들의 대외적 확장주의는 자국 내의 넘치는 잉여생산물을 처리하기 위한 판매처와 쌀과 면화 등 부족한 식량, 원료, 광물 등의 연료 획득을 위한 공급처로서 그들에게 있어 식민지의 확보는 또한 값싼 노동력의 공급을 위해서도 필요불가결한 것이었습니다. 그것은 레닌[7]의 말대로, 자본주의가 고도로 발전하면 발전할수록, 원료의 부족이 심하게 느껴지면 느껴질수록, 또 전세계적으로 경쟁과 원료산지에 대한 추구가 격화되면 격화될수록 식민지 획득을 위한 투쟁은 그만큼 필사적으로 되

---

7) 레닌, 〈제국주의, 자본주의의 최고단계〉, 아고라, 2018

었던 것이고, 또한 그들 간의 알력으로 제1차(1904~1918), 제2차(1939~1945) 세계대전이 발발하였던 것입니다. 영국(인도, 남아프리카, 이집트, 캐나다, 호주), 프랑스(콩고, 리비아, 인도차이나), 독일(아프리카)을 비롯한 열강의 세계 분할이 이미 시작되었고, 아메리카와 동아시아와 관련해서 쿠바와 괌, 필리핀의 패권을 둘러싸고 벌어진 스페인-미국 전쟁(1898)이 있었고, 조선의 패권을 놓고서는 청나라와 러시아와 일본이 서로 맞붙은 청일전쟁(1894), 러일전쟁(1905)이 있었습니다. 그 과정에 제국주의는 당연히 후진국들을 식민지화하는 방향으로 나아갔고, 그 과정에서 후진국들의 민족의식이 깨어나 중국의 의화단 운동이나 조선의 동학혁명 같은 에스니ethnies한 민족운동을 불러일으켰으며, 이 과정에서 계급투쟁 또한 불꽃처럼 일어났던 것이니, 대체 조선의 민족적 저항운동과 계급적 해방운동 또한 이런 세계사적 배경에서 이해할 수 있는 것입니다.

이것은 하나의 객관적이고 논리적인 인식으로 당시 식민지 쟁탈에 혈안이 되어있던 세계현실에 대한 올바른 인식입니다. 그러니까 흑인은 어디까지나 흑인이지만 필연 값싼 노동력을 얻기 위한 특정한 백인과의 관계에서 노예가 되었던 것처럼, 조선 또한 식민자본주의라는 일본과의 특정한 관계에서 식민화, 자본화가 되었던 것입니다. 그리하여 왜 그나마 좋았던 조선농촌의 현실이 다음 말처럼 **"예전에 중농이던 사람은 소농으로 떨어지고,**

소농(小農)이던 사람은 소작농으로 떨어지고, 예전에 소작농이던 많은 사람들은 거의 다 풍비박산하여 나가게 되고 어렸을 때부터 정들었던 동무들도 하나도 볼 수 없었다."(조명희, '낙동강', 1927. 7. 〈조선지광〉)라는 뼈에 사무친 회한이 어린 현실이 되었는지... 이런 과정에서, 즉 노예무역이 근대세계를 형성[8]하는 가운데 인간성 상실과 더불어 이에 대한 (인간성을 유지하기 위한) 저항이 지속되었음을 볼 때, 이것이 또한 왜 아시아적 이식자본주의 형태로서의 조선에서의 일제에 의한 식민화와 자본화에 저항하는 일련의 민족문학운동으로서의 해방의 문학과 계급문학운동으로서의 저항의 문학이 지속되었는지 설명할 수 있는 세계사적 배경이기도 합니다.

가령, 당시 신경향문학의 대변자라 할 최서해, 조명희 등과 더불어 민촌 이기영의 다음 장면('제지공장촌'(1930.3.))을 통해 우리는 당시 사회의 일면을 여실히 엿볼 수 있는 것입니다.

"무슨 일로들 왔소?······공전을 찾으러 왔나요?"
그들은 하두 기가 막혀서 일제히
"아니요."
"그러면?"
"우리가 온 것은 다른 까닭이 아니라 지금 하는 일은 공전이 너

---

[8] 뉴욕타임즈 기사. 2024.12.24 'How the slave trade shaped the modern world'

무 박해서 그것만 받아가지고는 도무지 살 수가 없습니다. 그래서 지배인께 공전을 좀 올려달라고 사정하러 왔습니다."

또한,

"그러면 그 담 것은 어찌했으면 좋겠소. 즉 여기 남은 이것들 말입니다. 야업수당, 휴식시간, 공장시설, 대우개선, 위생시설,…에 관한 것은 들어줘도 무방하단 말입니까."
전무가 다시 물었다.

-한설야, 장편소설 〈황혼〉(1936) 중에서

해고가 다 무어냐 끌려가는 게 다 무어냐 그냥 그대로 황소같이 뻗대이고 나가자
보아라! 이 추운 날 이 바람 부는 날- 비누 궤짝 짚신짝을 신고 우리들의 <u>이것</u>을 이기기 위하여
구루마를 끌고 나아가는 저- 어린 행상대의 소년을…
그리고 기숙사관 문 잠근 방에서도 밥도 안 먹고 이불도 못 덮고 <u>이것</u>을 <u>이것</u>을 이기려고 울고 부르짖는 저- 귀여운 너희들의 계집애들을…(밑줄-글쓴이)

-임화, '양말 속의 편지-1930.1.15. 남쪽 항구의 일'

이것은 지금 현재의 시점에서 보아도 낯설지 않는 장면이거니와, 이런 장면들은 인자 자본주의적 생산관계에 있어 노동자와 사용자-여기서는 무론 조선인과 일본인-간의 임금인상을 둘러싼 '쟁의strike'가 일상화된 현실임을 확인할 수 있는 것으로, 특히 당시 노동자들의 대중집회에서 열광적인 찬사를 받았다[9]는 임화의 시에서 '이것'은 이중의 의미를 지니고 있는 것으로, 그러니까 하나는 짜르 체제의 검열을 염두에 두고 소책자(《제국주의, 자본주의의 최고단계》)를 써야 했던 레닌이 투덜거리며, '빌어먹을 이솝 식의' 노예의 언어로 글을 써야 했던 현실처럼, 꼭 그처럼 임화 또한 일제의 검열을 염두에 두고 시를 발표할 수밖에 없는 억압적 현실에서 불가피하게 '노예'의 언어로 쟁의 현실에 대해 이솝 식의-빌어먹을 이솝 식의-언어로 표현할 수밖에 없던 것입니다. 다른 하나는 이것이 대명사로 여러 번 반복되어 나타나고 있으니만큼 누구나 다 아는 일상이었고, 또한 그만큼 중요한 일이었음을 알리려는 의도된 반복 표지이기도 합니다. 이 같은 현실에 대한 인식은 문학사가 김태준(《증보 조선소설사》, 학예사, 1939)의 "이때 작품의 상투적 제재"로 임금인상과 노동시간 연장 반대 등 처우 개선을 주로 하는 쟁의는 김석원의 〈일본의 한국경제 침략사〉(한길사, 2022)에 의하면, 1920년에 15건에

---

[9] 당시 임화의 대표적인 쟁의시 '양말 속의 편지-1930.1.15. 남쪽 항구의 일'(1930.3)가 김남천의 회고대로 당시 대중집회현장에서 천둥과도 같은 열광적인 지지를 받은 사례를 통해서도 확인할 수 있는 사실입니다. 그러니까 중요한 것은 임화의 프로시들이 단순한 관념 과잉의 이념적 산물이 아니라 실재한 사건을 바탕으로 하였기에 당대에 큰 울림을 줄 수 있었다는 점입니다.

서 점점 증가하여 1934년에 이르러서는 7,544건이 터져 나왔다고 기술하고 있을 정도로 인간해방을 위한 삶의 기초를 이루는 일제하 각종 쟁의는 조선인의 생활 현실이었던 것입니다. 그래 양심적인 그들은 문학예술의 이름으로 그 민족적이고 계급적인 저항으로서의 대자적 포즈를 취하였던 것이니, 그리하여 우리는 이제야 비로소 민족시인 이육사, 윤동주, 한용운과 더불어 또한 카프의 시인인 이상화와 그로부터 영향을 받은 임화의 저항적 프로시에 대한 객관적인 이해에 도달합니다.

네가 지금 간다면, 어디를 간단 말이냐?
그러면, 내 사랑하는 젊은 동무,
너, 내 사랑하는 오직 하나뿐인 누이동생 순이,
너의 사랑하는 그 귀중한 사내,
근로하는 모든 여자의 연인……
그 청년인 용감한 사내가 어디서 온단 말이냐?

눈바람 찬 불쌍한 도시 종로 복판에 순이야!
너와 나는 지나간 꽃 피는 봄에 사랑하는 한 어머니를
눈물나는 가난 속에서 여의었지!
그리하여 너는 이 믿지 못할 얼굴 하얀 오빠를 염려하고,
오빠는 가냘핀 너를 근심하는,
서글프고 가난한 그날 속에서도,

순이야, 너는 마음을 맡길 믿음성 있는 이곳 청년을 가졌었고,
내 사랑하는 동무는……
청년의 연인 근로하는 여자 너를 가졌었다.

겨울날 찬 눈보라가 유리창에 우는 아픈 그 시절,
기계소리에 말려 흩어지는 우리들의 참새 너희들의 콧노래와
언 눈길을 걷는 발자국 소리와 더불어 가슴 속으로 스며드는
청년과 너의 따뜻한 귓속 다정한 웃음으로
우리들의 청춘은 참말로 꽃다웠고,
언 밥이 주림보다도 쓰리게
가난한 청춘을 울리는 날,
어머니가 되어 우리를 따뜻한 품속에 안아주던 것은
오직 하나 거리에서 만나 거리에서 헤어지며,
골목 뒤에서 중얼대며 일터에서 충성되던
꺼질 줄 모르는 청춘의 정열 그것이었다.
비할 데 없는 괴로움 가운데서도
얼마나 큰 즐거움이 우리의 머리 위에 빛났더냐?

그러나 이 가장 귀중한 너 나의 사이에서
한 청년은 대체 어디로 갔느냐?
어찌된 일이냐?
순이야, 이것은……

너도 잘 알고 나도 잘 아는 멀쩡한 사실이 아니냐?
보아라! 어느 누가 참말로 도적놈이냐?
이 눈물 나는 가난한 젊은 날이 가진
불상한 즐거움을 노리는 마음하고,
그 조그만 참말로 풍선보다 엷은 숨을 안 깨치려는 간지런 마음하고,
말하여 보아라, 이곳에 가득 찬 고마운 젊은이들아!

순이야, 누이야!
근로하는 청년, 용감한 사내의 연인아!
생각해 보아라, 오늘은 네 귀중한 청년인 용감한 사내가
젊은 날을 부지런한 일에 보내던 그 여윈 손가락으로
지금은 굳은 벽돌담에다 달력을 그리겠구나!
또 이거 봐라, 어서.
이 사내도 네 커다란 오빠를……
남은 것이라고는 때묻은 넥타이 하나뿐이 아니냐!
오오, 눈보라는 '트럭' 처럼 길거리를 휘몰아 간다.

자 좋다, 바로 종로 네거리가 예 아니냐!
어서 너와 나는 번개처럼 두 손을 잡고,
내일을 위하여 저 골목으로 들어가자,
네 사내를 위하여,

또 근로하는 모든 여자의 연인을 위하여……

이것이 너와 나의 행복된 청춘이 아니냐?

−임화, '네거리의 순이'(《조선지광》 82호, 1929.1)

"네가 지금 간다면, 어디를 간단 말이냐?"

임화의 대표시 '네거리의 순이'는 첫마디부터 '시적' 이야기−사회적 담론이 아닙니다−로 가득한 신비로운 후광에 싸여 있습니다. 그러면서도 이 시는 개인적이고 사회적인 기호로 넘쳐 있습니다. 여기, 시적 이야기로 가득한 모두부에서 화자는 개인이면서 개인이 아닙니다. 그러면서 또한 자신을 가리키기도 합니다. 즉 '네'는 하나의 사회적 가족a social family으로 나도 아니고 너도 아닌 우리를, 그 어떤 무엇을 환기시키는 동시대의 이야기가 지닌 동질적인 의미의 고리가 있습니다. 다시말해서 하나의 기호는 과연 그 무엇의 기호이고, 이 '그 무엇은'은 말하자면 그 자체의 바깥에 있는 것으로, 그리하여 동질적인 조선의 민중을 암시하는 우리네는 그 어디를 떠나고자 하는 어두운 시대의 궁핍한 현실을 환기시키고 있음과 동시에, 그러나 출구 없는 막막한 현실을 재차 환기시킴으로서 식민지 현실에서 신음하고 있는 조선 민중의 목소리를 잘실하게 대변하고자 하는 시인의 의도를 엿볼 수 있게 합니다. 이 시가 하나의 시적 이야기로 참된 의미의 세계를 이루고 있는 것은 하나의 발화의 형태로서, 시니피앙 즉 빠롤의 언어로 직조되었기 때문입니다. 다시 말해서 이것이 만일 개인의 발화가 아니고 사회적 담화의 성격을 지닌 글이라면 '네'는 '사람들이'가 될 것이고 '지금'은 '현재'가 되고 '간다면'은 '떠나간다'로 '어디를'은 '어딘지 모를 장소'가 될 것이고 '간단 말이냐'는 '왜 떠나는 것일까?'가 될 것입니다. 즉 정리하자면,

−개인적 발화: 네가 지금 간다면, 어디를 간단 말이냐?

−사회적 담화: 사람들이 현재 어딘지 모를 장소로 떠나고 있다/왜 떠나는 것일까?

이것이 바로 개인적 시적 발화와 사회적 담화의 차이입니다. 이 시도 무론 그렇지만 시어가 비시어인 일상어로서의 과학 언어에 비해 비선조적non-linear 시적 언어로 직조되어 있는 이유가 여기에 있습니다. 그러니까 소설처럼 리니어한 선조적 언어는 이성의 언어요, 질서의 언어라면, 비선조적 언어인 시어는 감성의, 파토스의 언어요, 해체의, 새로운 입법으로서의 혁명의 언어입니다. 바로 그렇기에 시는 그대로 나의 감성의 세계에 전이되어 독자와 한 몸이 되어 활활 타오르는 정신의 불이 될 수 있는 것입니다. 나 또한 하나의 독자로서 이 시의 첫 일성에서 주체할

수 없는 격정을 체험하고 감격적인 페이소스를 느꼈던 이유는 본질적으로 이러한 시어의 법칙 때문이었습니다.

그러나 비록 이렇게 이 시 또한 시어의 일반 규칙을 따르고 있는 듯 하지만 즉 개인적 발화로서의 감성적인 비선조적인 언어의 규칙 가운데 놓여 있지만 단순히 저 하이데거적 '작품–속으로의–진리의–정립'에 머무르지 않았습니다. 즉 이 시는 결코 내면 세계에만 머무르고 마는 실존의 서정시가 아니라는데 이 시의 진정한 의의가 있습니다. 그것은 바로 나의 분신과도 같은 너, 또 하나의 나인 조선의 민중으로서의 타자인 네가 있기 때문입니다. 그러니까 지금 내적 발화로서의 자기의식을 대자화시키고 있는 세계의 중심에 던져져 있는 나는 결코 혼자가 아니고 하나의 특정한 관계로서의 그들 타자와 결부되어 있다는 유기적 연대의식을 지니고 조선 민중을 늘 그 시적 중심에 두고 있기에 서정적인 공감을 지니게 되면서도 우리는 탈서정적인 사회적 목소리를 동시에 느끼게 되는 것입니다.

이런 사실을 통해 우리는 이 시에서 기본적으로 진실한 개인적 목소리를 들으면서도 조선 민중의 음성을 또한 듣게 되는 것입니다. 여기, 개인의 목소리가 조선 민중의 음성이 되기 위해서는 하나의 특정한 관계로서의 어떤 '의미화 과정'을 거쳐야 하는데 하나의 기호화 과정이기도 한 의미화 과정은 곧 상징에의 요구가 아닌가. 즉 '상징symbol'은 그 무엇을 공통적으로 대변한 다고 했을 때의 특별한 의미를 지닌 것을 말합니다. 그리하여 우리는 '네거리의 순이'가 지닌 개인-사회적 의식을 드러낸 사회적 자아의 언어를 마주한다고 볼 때에 있어서 이 시가 또한 특별한 의미를 지니고 대중적 공감을 지니게 된 것은 풍요한 함의를 지닌 사회적인 상징의 언어 때문임을 짐작할 수 있습니다. 좀 더 들어가 보겠습니다.

그러나 이 가장 귀중한 너 나의 사이에서
한 청년은 어디로 갔느냐?
어찌된 일이냐?
순이야, 이것은……
너도 잘 알고 나도 잘 아는 멀쩡한 사실이 아니냐?
<u>보아라! 어느 누가 참말로 도적놈이냐?</u>
이 눈물 나는 가난한 젊은 날이 가진
불쌍한 즐거움을 노리는 마음하고,
그 조그만 참말로 풍선보다 엷은 숨을 안 깨치려는 간지런 마음하고,
<u>말하여 보아라, 이곳에 가득찬 고마운 젊은이들아!</u>(밑줄-글쓴이)

이것은 일제 치하에서 임화의 저항적 프로시가 과연 조선 민중이 처한 모순적 현실을 가장 영웅적인 시각을 지니고, 그 사회

적 관계라는 민족의 참담한 현실에 대한 고발정신에서 나온 '**쟁의서사**srtike narrative'였음을 잘 보여주고 있는 부분입니다. 즉 여기, 조선의 청년들은 지금은 '굳은 벽돌담(감옥-인용자)'에서 달력을 그리고 있는 자들로, 임화는 이런 '청년은 어디로 갔느냐'며 조선의 노동운동가를 붙잡아가는 불의한 현실을 폭로, 고발하고 있고, 이에 **"보아라! 어느 누가 참말로 도적놈이냐?"**라며 그들에 대한 참을 수 없는 높은 적개심에 불타고 있는 것입니다. 알다시피, 화자의 말투, 어조는 하나의 태도입니다. 세계관이 언어의 형식으로 굴러나온 것입니다. 그러니 여기, '~어디로 갔느냐?', '~멀쩡한 사실이 아니냐?', '어느 누가 참말로 도적놈이냐?'처럼 여러 번에 걸쳐 하나의 주조음으로 반복되어 나타나고 있는 질문형식의 '이냐'는 청중 또는 독자의 투쟁의식을 고조시키고 고취시키는 촉진제 역할을 하고 있습니다. 이 시가 일부에서 주장하는 애상적인 서정시편抒情詩篇이 아니라 투쟁을 북돋우는 쟁의서사爭議敍事인 이유가 여기에 있습니다. 무엇에 대한 투쟁인지, 그것은 바로 우리의 생명과 재산을 노리는 일제 도적놈입니다. 자, 이것은 '도둑'도 '도적'도 아닌 '도적놈'이라는 데서 미와 윤리가 결코 다를 수 없음을 보여주고 있는 훌륭한 사례입니다. 미는 결코 노트럴할 수 없습니다. 미와 삶은 분리될 수 없기 때문입니다. 아름다움에 현실을 떠난 중립지대는 없습니다. 미를 나타내는 언어라는 기호가 가치중립적neutral이지 않고 하나의 이데올로기의 투쟁의 장인 이유는 뭐 언어는 자의

적이기 때문입니다. 그래 기호는 항상 그 누군가를 위한 것입니다. 즉 여기, '네거리의 순이'를 비롯 임화의 프로시는 인간은 작품의 근원이 되는 현실의 아름다움과 추함에 대한 객관적인 인식뿐만이 아니라 그 미추의 본질 또는 어떤 행위의 선악을 시비 판단하고, 거기에 대해 긍정적 혹은 부정적 감정을 표현할 줄 아는 성숙한 의식을 가지고 하나의 미적 심판으로서의 당위적 비판을 가할 줄 아는 능력을 지닌 존재임을 밝히 드러낸 명증한 사례입니다. 그러니까 인간은 그 마르크스적 의미에 있어서의 **'정치적 미의식'**을 지닌 존재입니다.

-묘사적 사실 단계; 조선민중들이 모순적 현실이라는 고통에 처해 있다.

-서사적 가치 단계; 우리에게 고통을 안기는 이 모순의 근원은 일제 도적놈들이다.

그렇다면 과연 이런 임화의 프로시를 낳은 사회적 관계로서의 시대 배경은 어떤 것인지...이것은 임화 자신의 말(시집 〈현해탄〉 후서)대로, "'네거리의 순이' 한 편으로 <u>그 때</u> 내 정신과 감정생활의 전부를 이해해 달라 함은 좀 유감이나 할 수 없는 일"(밑줄-글쓴이)에서 알 수 있듯이, 임화의 시가 흔히 하는 말로 공전의 히트작이 된 것은 바로 '그 때'라는 시대적 환경milieu과 관련된 것임을 알 수 있습니다. 중요한 것은 이게 과연 임화 개인의 정신과 감정생활만의 것이 아니고 당시의 조선 민중의 가슴에 와 닿았다는 사실입니다. 이는 곧 임화 프로시의 개인적이고 사회적인 상호융합으로서의 시의, 예술의 기능을 생각하게 하는 중요한 대목이라 할 것입니다.

그동안에 있어서 시는 본질적으로 제의적 뿌리를 지닌, 사제의 언어, 주술의 언어로 기능해 왔습니다. 뭐 서정주가 전두환에게 생일 축시를 갖다 바쳤던 것처럼, 꼭 그처럼 전통적으로 궁정시인의 역할에 머물던 시인은 권력자의 따까리에 불과하였던 것입니다. 하나의 언지言志로, '시詩'라는 말의 근원 또한 권력자의 말씀言을 뫼신다侍는 뜻에서 나온 것이니 말입니다. 그러나 프랑스의 탁월한 기호철학자인 줄리아 크리스테바(《시적 언어의 혁명》, 동문선)의 말대로, 언어가 사회를 마주한 시가 만나는 것은 정립을 환기시키는 희생제의가 아니라, 정립 그 자체이기 때문에, 그러니까 시인은 하나의 언어의 새로운 입법자로서 시는 더이상 전통적 의미에 있어서의 일반적인 '시'로 남아 있을 수 없는 것입니다. 시는 이제 정립의 조정을 통하여 정립과 향락이 대결하는 명백한 투쟁의 장field이 되는 것입니다. 다시말해 언어는 이제 노예의 언어가 아니라 주체의 언어가 되는 것입니다.

그렇다면 좀 더 구체적으로 임화의 시가 노예 단계를 지나 주체의 단계로 넘어서기 위해서 겪어야 했던 '그 때'는 구체적으로 무엇인지 보겠습니다. 임화의 시가 '그 때'라는 시대적 상황을 올바로 반영함은 무론 당대 민중들의 가슴을 울렸다는 것은 작품과 현실이 결코 분리될 수 없음을 전제로 합니다. 그렇다면 과연 임화의 프로시를 낳는 데 적지 않은 영향을 미쳤을 '그 때'는 정확하게 무엇이었을까 사회역사적 상상력을 동원해 추론해 보겠습니다. '그 때'가 하나의 움직일 수 없는 객관적 실체이자 시적 소재로 임화 프로시의 근본적인 모티프가 될 수 있었음은 '사회적 존재가 의식을 결정한다'는 마르크스의 금칼 같은 대명제로 설명할 수 있습니다. 이 대명제에서 우리는 또한 내용이 형식을 결정한다는 마르크스 문예관을 하나의 소명제로 추출하게 됩니다. 이를 통해 우리는 결과적으로 작품은 시대의 산물임을 추론하게 됩니다. 그러니까 헤겔이 〈법철학〉 '서문'에서 자신의 시대를 사상으로 포착한 것이 철학이라고 했던 것처럼, 꼭 그처럼 자신의 시대를 언어로 포착한 것이 문학이라고 할 것입니다.

그리하여 우리는 마치 흙으로 항아리를 빚는 것처럼, 꼭 그처럼 시대의 흙을 빚어내어 예술의 항아리가 탄생하는 것을 생각해 볼 수 있습니다. 자, 그러니 하나의 어머니로 1차 범주인 '그 때'를 무시하고 절대로 작품을 논할 수는 없는 것입니다.

그러나, 이와는 달리 내용이 형식을 결정하는 것이 아니라 형식이 내용을 결정한다는 주장도 있음을 무시할 수 없습니다. 이것은 저 형식주의자 팔봉 김기진이 동료 박영희의 경향계열의 살인방화식 소설에 대해 비판하면서 '기둥도 서까래도 없이 붉은 지붕을 언질 수는 없다'고 할 때에 있어서의 그 '기둥과 서까래'에 해당한다 할 것입니다. 그러나 그것은 기본적으로 내용을, 객관적 사실을, 시대를, 사회적 존재로서의 인간을 부정하는 것으로 우리는 흔히 이런 계통의 주장을 근대의 이른바 모더니즘이라 불러 왔습니다. 그러니까 '모더니즘modernism'은 현실에서 분리된 감정과 정신상태로서의 언어의 세계를 다루는 것에서 큰 의미를 두고 있는 것으로, 이것은 기본적으로 현실에서 한 발 뒤로 물러난 '한가한' 부르주아의 감정을 대변하고 있는 문학이론이라 할 것입니다. '미적 자율성'이니, '문학성literariness'이니, 또는 '형식미'니 하는 용어들이 근본적으로 터하고 있는 것은 현실과의 '분리' 감정 그것입니다. "성공하기를 원하면 우선 그처럼 감정을 노골적으로 드러내지 마세요." 자, 이것은 발작의 대표작 〈고리오 영감〉의 일부로 사교계 여왕 보세앙 자작 부인이 시골 청년 라스티냐에게 나지막한 소리로 건네는 말입니다. 이것은 근대 부르주아 교양인들의 위선적 정서와 이상적 모럴을 잘 보여주고 있는 근대 미학의 한 일화입니다. 그것은 가장 대표적으로 근대 미학의 개조開祖라 할 칸트Kant의 미학(《판단력비판》)에서 비롯된 것입니다. 그러니까 칸트가 부르주아의 미적 의식을 대변하는 '근대' 미학의 개조가 될 수 있었던 것은 바로 사회로부터 분리된 개인들 각자가 지닌 주관적 미의식으로서의 '취미판단'을 철학적으로 풀어내고 사회적으로 의미를 부여했기 때문입니다. 여기, 중요한 것은 사회'로부터 분리된' 개념으로서의 개인입니다. 그들은 사회적으로 보자면 근대 혁명의 주역이 되고 물적 권력은 무론 정치적, 지적 권력을 움켜쥔 부르주아 세력 일반을 가리킵니다. 그런데 이들이 복잡하고 골치 아픈 현실에서 벗어나―마치 교외에 별장을 짓고 사는 부자들처럼― '한가한' 삶에 기반하는 것에 천착해 그들의 미의식을 미화해주는 가운데 나온 개념이 집단적 숭고미로서의 고대적 미관을 내던지고 개인적 순수미로서의 관념의 미학을 내세우게 된 것입니다. 칸트는 이것을 좀 고상한 개념으로 '취미판단'으로 부르게 된 것입니다. 그러니까 전통적인 미의식은 이제 근대에 들어서 그 (소쉬르적 의미에 있어서의) '자의적인' 미의식으로 바뀐 것입니다. 칸트 미학은 소쉬르 언어학의 미적 버전입니다. 언어가 자의적인 도구가 될 수 있듯이, 미 또한 개인적인 취미이고, 상대적인 취향에 불과하다는 것입니다. 뭐 칸트 덕으로 미는 이제 하나의 놀이감이 된 것이고, 향락의 대상으로 전락한 것입니다. 이것을 또 '공통감common sense'이라고 과잉해석을 해놨습니다. 개인적인 미의식이야말로 가장 일반적인 것이라고 말입니다. 그러나 이건 솔직히 말해서 '미학적 사기'가 아닐 수 없습니다. 왜냐하면 미도 하나의 사회적 차원에서의 윤리도덕의 일종이기 때문입니다. 그러니까 공기에도 사회적 입김이 쐬어있듯,

예술미에도 사회적 가치가 녹아있게 마련인 것으로, 그러니 임화가 '네거리의 순이'에서 '도둑'도 아니고 '도적'도 아닌 '도적놈'이라고 하는 시어를 썼는데, 이것은 분명 개인적 감정을 드러낸 미적 언어이자 당시 조선 민중의 감정구조로서의 사회적 의식을 드러낸 것입니다. 감정 분리냐 감정 노출이냐, 이것은 현실을 어떻게 볼 것인가와 관련되어 근대인의 미의식을 가늠할 수 있는 리트머스 시험지와도 같은 것으로, 그러나 '도적놈'은 시적 화자 개인의 목소리parole이자 동시에 사회적 언어langue로서 약탈경제로서의 자본주의 일제식민경제 치하에 신음하고 있는 조선 민중의 현실적 감정구조를 잘 대변한 것이지 결코 부르주아의 개인적 미의식만을 드러낸 것이 아닙니다. 부르주아의 미의식은 사실 개인주의의 극단적인 형태로서의 천재관에서 비롯된 것입니다. 그러니까 또한 천재는 아무나 할 수 없다는 엘리트 의식의 산물로, 바로 여기에 근대 부르주아 혁명의 영웅 나폴레옹에 그 기원을 두고 개인주의에서 발원하고 있는 칸트적 영감론이 깃드는 것이고, 그러니 이런 개인적 천재관과 영감론에서 흘러나온 낭만주의 풍의 작품에는 그 알 수 없는 아우라를 지닌 숭고미가 따라붙는 것이니, 이래저래 그는 또한 저 숭고미학을 정초한 에드먼드 버크(《숭고와 아름다움의 관념의 기원에 대한 철학적 탐구》)의 보수주의 미학을 계승했다 볼 수 있을 것입니다. 근대의 서정시抒情詩가 고대의 서사시敍事詩와 달리 외적 현실에서 분리된 내면의 감정에 갇혀 있게 된 까닭입니다. "도대체 부르주아 계층의 삶에서 불륜을 빼고 나면, 무슨 그럴듯한 이야깃거리가 남겠는가?"[10]라는 것도 모더니즘 계열의 대부분의 서정시가 난삽한 언어의 관념과 유희에 빠지고 자신이 처한 현실을 객화, 대자화시키지 못하고 외로움과 고독 속에 젖어 수음手淫 문학으로 전락하게 된 이유도 바로 여기에 있습니다. 이것이 또한 바탕이 되어 예술미에서 자연미를 분리한 헤겔의 근대 미학이 탄생하고 개인주의를 기반으로 하는 근대 부르주아의 승리의 서사로서의 시민서사시, 소설이 발흥rise하게 된 이유이기도 합니다. 소설에서 '보여주기'(이미지)와 '말하기'(개념)를 분리한 이원적 형식을 보이는 가운데 '말하기'를 중시한 이유, 과거형의 도입 등이 이와 무관하지 않은 이유도 모두 여기 있습니다. 시끄럽고 복잡한 현실에서 '분리'된 그들의 의식 속에는 자신들은 그들과는 다른 우월한 존재라는 천재적 의식이 있던 것입니다. 뭐 형식은 하나의 태도이자 세계관으로 내용의 연장인 것입니다.

그러나 솔직하게 말해서 하는 얘기지만, 진공 속에서는 어떤 생명도 살 수 없는 것처럼, 사회라는 공기를 벗어나서는 그 누구도 살 수 없는 게 인간입니다. 홀로 살던 로빈슨 크루소도 결국 인간사회로 돌아오고 마는 것처럼... 그것은 뭐 인간은 자신이 필요로 하는 재화를 모두 얻기에는 능력도 시간도 부족하기 때문입니다. 그래서 하나의 공동체로 도시를 만들고 어울려 살게 된

---
10) 김욱동 편, 〈포스트모더니즘의 이해〉, 문학과지성사, 1990

것입니다. 그러니 사용가치보다는 교환가치 속에서 상품이 의미를 지니듯이, 인간 또한 사회적 인정 속에서 인간적 의의도 찾을 수 있는 것으로, 이는 '이야기'를 통해 사회적 관계를 형성하고 의미를 추구하는 예술일반으로서의 문학 또한 예외가 될 수 없는 것입니다.

좀 길어지고 있습니다만 그렇다면 이제 임화 프로시의 성취 배경이 된 조선의 '그 때'는 실제로 무엇이었는지 보겠습니다. 하나의 사회적 공기로 임화시의 배경이 된 '그 때'를 상상해 볼 수 있는 근거를 다음에서 볼 수 있습니다. 그러니까 임화의 대표시 '네거리의 순이'가 세상에 나온 것은 1929년 1월 조선공산당 기관지 역할을 했던 〈조선지광〉을 통해서였습니다. 그러니까 하나의 사회적 공기이자 이런 시대의 공기를 먹고 나온 작품이 탄생한 배경이 일제시기이고, 그중에서도 1929년 1월이라는 것인데, 이것이 현실과 분리된 감정으로 세상이 어티케 굴러가든 말든 무관하게 쓴 시가 아닌 바에야 이 시에는 분명 시대의 공기로서의 사회적 현실이라는 일제 치하의 그 무엇이 하나의 시적 모티프로 작용하였다 할 것입니다. 그렇다면 그 무엇은 무엇인지... 그것은 가장 궁극적으로 '도적놈'에서 드러나는 감정의 밀도로서의 덴시티한 감정 표지 그것입니다. 그러니까 하나의 적대적 감정으로서의 사회적 분노, 그것이 가리키는 것이 무엇인가가 문제시된다고 할 때에 있어서, 우리는 역시 1929년 전후의 시대적 공기가 함의하는 것이 무엇인가를 생각해 보게 되는 것이고, 이와 아울러 이런 적대적 감정과 다른 순응 논리를 드러낸 반응을 생각해 보는 데 있어서 다음 사례처럼 적절한 것은 없을 것입니다.

우리들의 문학은 사람이 보도록 알아보기 쉽게 만들어야 한다. 더구나 <u>작금 1년 이래로 극도로 재미없는 정세에 있어서 우리들의 '연장으로서의 문학'은 그 정도를 수그려야 한다</u>...... 이것이 작년 말부터 예술운동의 각 부분을 통하여 기술 문제가 시작한 원인이다. 그리하여 이곳으로부터 형식 문제는 출발하게 되는 것이다.(밑줄-글쓴이)

-김기진의 '변증적 사실주의'/양식 문제에 대한 초고, 1929. 2.25~3.9, 동아일보

이것은 나중에 더 자세히 밝히것지만, 한국문학사에서 간과할 수 없는 미학 논쟁의 한 부분에 해당하는 것으로, 이것이 '예술대중화논쟁'의 불을 당긴 그 유명한 문건입니다. 중요한 것은 여기, 두 눈을 씻고 다시 보건대 과연 나의 흐린 눈을 자극하는 것은 바로 '연장으로서의 문학', 곧 프롤레타리아 예술도 다 좋은 일이지만 '작금 1년 이래로 극도로 재미없는 정세'로 우리들의 문학예술관을 바꾸어야 한다는 전향적 기술 대목입니다. 그러니까 시기가 안 좋으니 전략을 바꾸어야 한다는 것입니다. 중

요한 것은 과연 '그 때'로서의 시기입니다. 이것이 임화의 프로 시에 대한 그의 반응이었던 것으로, 여기서 우리는 같은 시대를 놓고도 이렇게 다른 반응을 보이고 있는 것에 대한 하나의 기술 이전의 사상의 차이를 볼 수 있는 것입니다.

어쨌거나 중요한 것은 '네거리의 순이'가 극도의 적개심을 지닌 프로시로 나아간 것과 달리 이런 시에 대한 적대적인 반응을 드러낸 김기진[11]의 비평문에서는 '시대 현실'에 순응해서 예술 운

---

11) 대체 김기진이 누구인지 졸저 〈친일문인기념문학상론〉(근간) 중의 '팔봉 김기진론'의 일부를 인용해 보겠습니다.

친일문학의 선봉에 섰던 김기진의 아호는 '팔봉八峰'입니다. 1923년 그가 잡지 〈개벽〉의 주간인 소춘 김기전의 청탁으로 권두 논문과 문예란의 수필을 쓰게 되었는데, 앞뒤로 같은 이름이 박히게 되어 어색하니 다른 하나는 아호로 쓰는 게 좋다고 하면서 권하기에 그의 고향 청주에서 가장 유명하다는 팔봉리 팔봉산에서 취한 것입니다. 그는 일제 당시 군수 김홍규의 둘째 아들로 아버지의 전근으로 이리저리 옮겨 다니느라 크게 유복한 환경에서 컸다 할 수는 없지만 어릴 때부터 독선생을 붙이는 등 경제적인 고초를 겪지는 않았음을 짐작하게 합니다. 그래 당시 사립명문 중의 하나인 배재 중학의 학생으로 서울유학이 가능했던 것도 그중의 하나일 것입니다. 그곳에서 그는 평생의 친구 회월 박영희를 만났습니다.

여기, 회월 박영희는 후일 카프의 서기장이 된 자이자 비평가로 한때의 형세를 기약한 자였으나 '운동으로서의 문학'이라 할 마르크스주의 이념이라는 좌 편향의 오류에 빠져 실패 후 전향한 자로 그가 전향하면서 내놓은 "얻은 것은 이데올로기요 잃은 것은 예술이다"란 조어는 너무도 유명한 것입니다. 아무튼 그는 당시 서울 중산층의 아들로 무난한 경제생활을 유지하는 가정 속에서 성장했던 동배였습니다. 그러나 팔봉이 아무래도 순진하고 감상적인 시골 소년다운 파토스적인 인물이라면, 회월은 도회의 성격을 지닌 지적이고 관념적인 인물이었습니다. 아무튼 둘은 그 알지 모할 의기로 투합 4년 동안 연인처럼 죽고못사는 관계가 되어서는 얼마후 팔봉이 일본에 유학하고 곧이어 회월 또한 유학하는 동안 주거니 받거니 하면서 서구의 문물을 배운 일본의 신사상을 접하면서 성장하게 됩니다.

이때는 객관적으로 3.1혁명 이후의 절망적, 폐허의 시기였습니다. 한편 조선의 3.1혁명의 열망을 꺾은 이때는 제국주의 일본에 있어서는 자신감이 넘치는 시기로-무론 그것은 쌀과 금 등 조선의 골수를 수탈한 결과로-그러니 1920년대는 일본의 호황기로 저 러시아 혁명의 사회주의 사조를 비롯 선진 유럽의 다양한 예술적 사조도 넉넉하게 받아들였던 백화제방의 문화개방 시대로 이른바 '대정 로망' 또는 '대정大正 데모크러시' 시기였습니다. 그러나 근대

라는 자본주의 사회는 노동자의 피를 빨게 되어있는 산업사회라 빠르게 산업화로 치닫는 일본 사회 또한 이런 자본주의의 그악한 산업사회의 모순을 해결하기 위한 사회주의 사상을 기조로 하는 변혁 사상에 빠르게 전염이 되었던 시기로, 맑은 피를 지닌 순수한 조선 청년으로, 그러나 식민지의 청년으로 그 또한 의기를 지닌 조선의 지식 청년 유학생으로 팔봉도 이런 사회 분위기에 쉽게 동화되었다 할 것입니다.

그래 팔봉이 입교대학 영문학부 예과에 적을 두고 일본에 머물면서 크게 영향을 받은 서구와 일본의 사상은 프랑스 소설가 앙리 바르뷔스가 주장하는 바의 '클라르테Clarte' 운동과 일본의 사회주의자 마생구麻生久의 러시아 문학관이었습니다. 클라르테 운동은 계급적 각성을 통해 새로운 빛을 찾자는 광명운동입니다. 뭐 사회주의 문학 이론의 일종으로 문예의 사회성을 중시하는 새로운 사조입니다. 처녀지에 씨를 뿌리듯 개척정신을 일깨우는, 투르게네프의 소설에서 영감을 얻은 마생구의 러시아 문학관 또한 진보적인 운동의 하나라 할 것입니다. 이런 사상의 기조가 당시 일본의 사회적 현실에서 사회주의 거물들을 사로잡은 가운데 팔봉 또한 여기에 쉽게 동화, 뜨겁게 감염이 되어서는 조선에 최초의 사회주의 문예 운동을 일으키기 위한 씨앗을 뿌리겄다는 각오로 귀국하게 됩니다.

"모든 운동의 귀결은 결국은 프롤레타리아의 손으로 돌아가는 것이다. 모든 운동의 모든 결론이."

-김팔봉, '프로므나드 상티망탈', 1923. 7 〈개벽〉 37호

"조선에 있어서 어떠한 문학이 필요하냐 할 것 같으면(일본도 그렇고 중국도 그러할 터이지만) 프롤레트 컬트의 문학이 꼭 필요한 것이다."

-김팔봉, '클라르테 운동의 세계화', 1923. 9. 〈개벽〉 39호

자, 여기 귀국 초기 김팔봉의 정서를 추론하기에 적절한 데이터에서 나의 흐린 눈깔을 자극하는 것은 '모든'이라는 단어의 반복적인 언사이고, 또한 나의 관심을 촉발하는 것은'컬트'라는 언사입니다. 즉 그의 언행은 매우 극적이고 충동적인 것을 볼 수 있습니다. 그는 오디세우스처럼 노트럴하고 이지적인 신중한 인간형이기보다는 돈키호테처럼 매우 감성적이고 저돌적인 인간형의 일종이라 할 것입니다. 단어는 신중한 선택이기도 하고, 무의식이 표출되는 순간이기도 합니다. 그러니까 '컬트'는 일시적이고 열렬한 숭배를 의미하고, 그것은 관념적인'모든'에 그 숭배의 초점에 맞추어져 있습니다. 이것은 참으로 놀라운 암시입니다. '컬트'에 그의 운명이 예고되어 있고, '모든'에 그의 오버 액션이 암시되어 있지 않은가 말씀입니다.

어찌되었든 그는 1년 정도 일본에 머물면서 착실하게 실력을 기르지도 못한 상태에서 연극운동-그는 박승희와 더불어 유명한 연극단체 '토월회'를 창립한 멤버입니다-이다, 클라르테다, 마생구다 하며 들떠 쫓아다니다가 조선에 돌아와서는 총독부 기관지인 매일신보를 비롯, 시대일보, 조선일보에서 밥을 빌면서 어느덧 당대의 거물급 저널리스트로 생을 영위하면서 또한 프롤레타리아 문예 운동의 선구가 되었습니다. 그래 조선 최초의 프로문예운동의 씨앗을 뿌린 자는 분명 팔봉 김기진입니다. 그러나 갈수록 그는 왜 그토록 숭배하던 프롤레

타리아 운동과 점점 멀어지게 되고, 그는 왜 갈수록 모든 프롤레타리아의 손을 떠나 자신의 이익에 더욱 눈이 먼 친일 모리배가 되었는지... 자, 우리는 역사의 신성한 제단에 바친 그의 고백록이 전하는 진실 앞에 마주 서게 됩니다.

"나는 본래 일본서 돌아올 때 처음부터 결심하기를 문학 운동만 하지, 정치 운동은 안 하겠다는 결심이었으니까, 이성태가 그렇게 자주 찾아왔었지만 나는 그로부터 한번도 공산당이나, 공산청년동맹에 가입하지 않겠느냐는 의논을 받아본 일이 없었다."

—김팔봉, '나의 회고록', 1964.7~1966.1 〈세대〉

자, 여기서 우리는 참으로 소중한 진실을 보게 됩니다. 그러니까 팔봉은 문학 운동과 정치 운동은 별개라는 사고를 지닌 존재입니다. 중요한 것은 이것이 청년 지식인 김팔봉이 조선에 돌아오면서 마음으로 결심한 저 내면의 진실한 얼굴이라는 점입니다. 그러니까 '처음부터 결심'하였다는 이것이 중요한 것은 그의 무의식의 구조 심층에 깊이 가라앉은 인간 김팔봉의 진실한 거울이기 때문입니다. 프로이트의 정신분석학은 때로 이렇게 소중한 진리를 깨우칩니다.

김팔봉이 남긴 자취들—현재 문학과지성사의 〈김팔봉문학전집〉 1~6권이 남아 있습니다—은 그를 이해하는 데 매우 소중한 일차자료입니다. 그러나 이런 일차자료가 이차 분석으로 이어지지 않으면 다만 자료의 무덤에 불과합니다. 그래 나는 좆도 아닌 문예비평가로 어쩔 수 없이 미의 판관으로서의 소임을 다하지 않을 수 없는 가운데 이 글을 쓰는 것이지만, 그런 나의 흐린 눈깔에도 눈에 들어오는 것은 일차자료가 지닌 단서들clues의 힘입니다.

그래 글 잘하고 말 잘하고 사교술이 뛰어난 발군拔群의 김팔봉이 주동 아닌 주동이 되어서는 친구 박영희를 엮고 주변의 '토월회' 동료들과 홍사용과 박영희가 하던 동인지 〈백조〉 문인들, 그리고 카프의 전신이라 할 동인 그룹 파스큘라와 이에 합세한 염군사를 엮고 엮어서는 드디어 조선에도 러시아의 라프와 일본의 나프와 같은 카프(1925.8)라는 조선프로예술의 시대가 개막이 되었던 것입니다. 아무튼 이 연극의 주연은 확실히 팔봉 김기진이었습니다. 보성중(지금의 조계사 자리)에 다니던 임화는 어려서 이 모임에 끼지 못했습니다. 그래 김팔봉이 저널리스트로 밥벌이를 하면서 시인에서, 소설가로, 기어코는 비평가로 조선 문예 운동의 지도자로 변신해있던 시기, 당시는 러시아 혁명(1917)의 성공으로 세계적인 변혁의 기운이 넘치던 시기였고, 그러니 조선의 3.1혁명(1919) 또한 이런 시대의 공기와 무관하다 할 수는 없을 것입니다. 그러나 객관적으로 볼 때에 있어서 당시는 또한 일제 식민자본주의의 심화로 조선 민중이 극도로 가난과 병고에 시달리던 궁핍한 시대였습니다. 사실 3.1혁명의 궁극적인 원인도 일제의 경제적 수탈이었습니다. 그래 당시는 계몽주의(최남선, 이광수)와 자연주의(김동인, 염상섭), 낭만주의(홍사용, 나도향, 박종화, 박영희, 이상화)를 넘어 최서해, 조명희를 비롯 자연발생적으로 조선의 궁핍한 현실을 반영한 새로운 경향 소설들이 개구리알처럼 쏟아져 나오던 조선 사실주의 문학의 개화기였습니다. 그러나 이런 조선적 현실에 기초한 사실주의 문학을 비판적으로 보고 있던 김동인이 '살인방화주먹마치시'(*'마치'는 오늘의 망치입니다)라 힐난하던 대로 조선의 신경향예술의 수준은 초보적 단계로 유치하고 거친 것이었습니다. 그것은 그 또한 시인에서 소설가로, 다시 비평가로 카프의 지도자로 변신한 동료 박영희 그 자신조차 인정한 사실이었습니다.

"신경향파의 문학은 중세기의 노동자가 그들의 생활의 불안으로서 기계를 파괴하려던 것이나 같다. 노동자가 기계를 파괴한다고 물론 그들의 생활이 이전처럼 풍부하게 되는 것도 안이며 그렇다고 자본가에게 기계가 없는 것도 아니다. 다만 울분한 끝에 감정적으로 한 행동에 불과하다."(밑줄-글쓴이)

-박영희, '신경향파' 문학과 '무산파'의 문학, 〈박영희전집〉, 영남대학교출판부

이것은 자연 안팎으로 예술 논쟁을 일으킬만한 사회문화적 환경이었다 할 것입니다. 이런 가운데 선편을 쥔 쪽은 역시 발빠른 김팔봉이었습니다. 그는 참 빠른 인간입니다. 그래 현 단계 신경향파 소설들이 지닌 이야기를 하는 가운데 그는 절친 박영희가 쓴 경향소설(〈철야〉, 〈지옥순례〉)을 문제삼으면서 말했습니다. "소설이란 한 개의 건축이다. 기둥도 없이, 서까래도 없이, 붉은 지붕만 엎히어놓은 건축이 있는가?"('문예월평-산문적 월평', 1926. 12. 〈조선지광〉)라며 일갈을 퍼부었습니다. 이것이 바로 조선 문예계에 나타난 최초의 미학 논쟁(이른바'내용-형식'논쟁)으로 이는 분명 역사적인 의의를 지닌 것입니다.

여기, 소설을 이야기하면서 이를 한 개의 건축에 비유한 것은 솔직히 말해서 매우 탁월한 표현 기법이라 할 것입니다. 비유는 쉽게 설명하는 방법인데, 그것도 '건축'에 비유함으로써 마르크스주의-잘 알다시피 마르크스주의 정치경제학 이론의 대명제는 '사회적 존재가 의식을 결정한다'는 것입니다. 마르크스는 이것을 '하부구조'(사회적 존재)와 '상부구조'(의식)라는 건축 개념을 통해 비유적으로 설명하여 마르크시즘의 핵심을 요령있게 표현했거니와, 이에 따라 마르크스주의 문예이론은 자연 '내용이 형식을 규정한다'는 것이 될 것입니다-이념을 쉽고도 은근하게 암시했기에 더욱 함유한 바가 적지 않은 것입니다.

그런데 중요한 것은 김팔봉이 '붉은 지붕'보다는 '기둥과 서까래'를 더욱 중시했다는 점입니다. 이것은 나의 눈깔을 자극하는 매우 중요한 해결의 실마리가 아닌가 말입니다. 그러니까 팔봉은 하나의 메시지로서의 설명(내용-붉은 지붕)보다는 기술적 묘사(형식-기둥과 서까래)에 심중이 머물러 있는 것입니다. 이를 달리 말하면 팔봉은 예술을 정치적 선전물보다는 예술을 위한 예술, 그러니까 언어를 중시하는 저 러시아 형식주의의 영향을 받은 유미주의적 관점에 서 있는 것을 암시한 것입니다. 이것은 사실 앞에서 말했던 "나는 본래 일본서 돌아올 때 처음부터 결심하기를 문학 운동만 하지, 정치 운동은 안 하겠다는 결심."대목과 일맥상통하는 것입니다. 그러니까 팔봉의 비평은 갑자기 나온 게 아닙니다. 이것은 분명 하나의 일관된 인생관과 예술관을 지니고 발을 내디딘 결과입니다.

그러나 당시는 식민자본주의의 모순이 깊어가는 현실과 비례해서 예술운동은 무론 프롤레타리아 운동의 열기 또한 한층 드높던 시기였습니다. 그래 조선공산당의 중요 간부였던 자신의 형 김복진과 이성태의 권유로 박영희와의 논전은 김팔봉의 백기로 막을 내리고 말았던 것입니다. 팔봉 인생 제1막의 굴욕적인 패배였습니다. 이러는 가운데 대공황의 먹구름이 밀려오는 시국에 일제 당국은 1928년을 전후로 조공 간부들을 비롯 활동가들을 대거 검거하는 초유의 탄압 사태를 일으켰는데, 이것은 당시 끓어오르던 조선의 프롤레타리아 계급해방

동 또한 후퇴하지 않을 수 없음을 우회적으로 기술하고 있습니다. 그러니 '네거리의 순이'가 쓰여지던 당시의 객관적인 정세가 과연 당대의 예술가들에게 초미의 관심사였던 것임은 틀림없다 할 것입니다. 그래 당시의 객관적인 정세로 운동을 후퇴하지 않으면 안 된다고 비평가를 전향하게 한 '극도로 재미없는 정세'란 무엇인지, 바로 이것이 임화의 '그 때'에 해당하는 것으로 우리는 과연 하나의 시가 탄생하는 사회적 관계로서의 발생적 배경을

의 발전에 심대한 영향을 주었던 것으로 이 해야말로 한국공산주의운동은 사실상 마비되었다는 말처럼, 조선의 어두운 궁핍한 시기였습니다. 바로 이때 김팔봉의 감각은 역시 남달랐습니다. 그는 재빠르게 반응했습니다.

"우리들의 문학은 사람이 보도록 알아보기 쉽게 만들어야 한다. 더구나 작금 1년 이래로 극도로 재미없는 정세에 있어서 우리들의 '연장으로서의 문학'은 그 정도를 수그려야 한다."

-김팔봉, '변증적 사실주의-양식 문제에 대한 초고' 1929.2.25.~3.7 〈동아일보〉

이것 또한 카프 진영 내에서 미학 논쟁을 낳았던 유명한 논쟁('예술대중화논쟁')의 불씨가 되었던 것으로 김팔봉의 예술적 감각은 증말이지 탁월한 것임에 틀림없어 보입니다. 자, 이것은 임화와 관련되어서만 의미가 있는 것으로 앞으로 자세히 얘기하겠습니다. 여기, '연장으로서의 문학'은 무론 프롤레타리아 문학을 말하는 것으로 계급해방을 위해서는 문학이 하나의 연장tools이 되어야 한다는 것을 말합니다. 그러나 "작금 1년 이래로 극도로 재미없는 정세에 있어서"는 조공 검거사태를 암시하는 것으로 "그 (표현의 강도에 있어서의-글쓴이))정도를 수그려야 한다"는 것을 통해 우리는 정치적 환경이 문학적 환경에 영향을 미치고 있음을 알 수 있습니다. 중요한 것은 이것이 팔봉에게 있어서는 프로 문학의 포기를 의미한다는 점입니다. 즉 이것은 자신에 있어서는 정치적 전향 선언이나 다름없는 것입니다.

자, 이런 것들은 그의 전기적 스케치와 관련하여 든 두 가지 사례에 불과하지만 매우 중요한 것으로 철학적 사유와 미적 태도가 결코 분리될 수 없음을 잘 보여주는 것입니다. 대체 속이고 싶어도 속일 수 없는 김팔봉의 실체가 바로 여기에 있는 것입니다. 그러나 이후의 그가 지나간 부끄러운 행적을 말해 무엇하겠습니까? 자세한 것은 〈친일인명사전〉(민족문제연구소)에 보입니다. 이렇게 약점이 많은 인간을 승냥이 같은 일제가 가만 놔둘 리가 있을까요? 그런 그가 제 발로 찾아가 그들과 수작을 벌이고서는 이광수(회장)와 친구 박영희(상무간사)를 몰아내고 '조선문인보국회'의 최고 앞잡이가 된 것이 무에 그리 부끄러운 것인지…

그는 앞에서는 계급의 간판을 내걸고 뒤에서는 영혼을 판 조선의 갈보 지식인입니다.

무시할 수 없음을 이해할 수 있는 것입니다.

그러나 임화는 김기진의 반응에 대해 〈조선지광〉의 '원칙적 오류에 대하여'라는 평문을 통해 반박했던 것인데, 이것은 또한 자신의 시에 대한 하나의 아폴로지였던 것입니다. 즉 정세의 옹색은 사실이다. 그러나 환경이 불리할 때마다 연장을 수그리면, 나중엔 무원칙한 타협, 프로 문학 그것의 포기에까지 이른다는 주장을 했던 것입니다. 그러므로 이롭지 모한 정세일수록 원칙을 확집하고 그것을 뚫고 나갈 새 방도를 찾는 것이 본래의 길로, 그 결과가 '네 거리의 순이'였다[12]는 것입니다.

그러니 우리는 여기서 하나의 사회적 관계라는 객관적 정세로서의 '그 때'가 인간의 의식을 결정하고 예술적 결과물을 낳는데 결정적이라 하지 않을 수 없음을 보고 있는 것입니다. 그만큼 1차적 요소는 중요한 것입니다. 그렇다면 과연 당시의 인걸들에게 극도로 재미없는 정세로 인식되었던 '그 때'에 무슨 일이 일어났던 것일까요? '그 때'는 지나간 것을 가리키면서 동시에 잊을 수 없는 그것을 환기시키면서 누구나 다 아는 공적 사실을 지시하는 상징적 지시어이자 암시적 언표입니다. 그만큼 '그 때'는 중요한 시대의 공동 기표가 되었던 것으로, '그 때'는 과연 1928년 조선공산당 당원을 대량으로 검거한 해입니다. 잘 알다시피, 당

---
12) '지난날 논적들의 면영', 〈언제나 지상은 아름답다〉, 박정선 편, 역락

시 사회주의자는 곧 민족주의자와 동일시되었던 시대로 계급해방은 곧 민족해방이었던 것으로 인식되었던 것입니다. 그것은 지주와 자본가가 주로 일인이었기에 정치적 제국주의로서의 민족모순과 경제적 자본주의로서의 계급모순이 다르지 않았기 때문입니다. 그러니 이들의 공통된 모순을 해결하기 위한 국내 조공들의 활동이 극에 달한 시점에서 일제 경찰은 1928년 8월 20일~22일까지 전국적인 검거를 단행해 약 170명을 체포하였고, 1차 검거를 모면한 사람들도 그해 가을에 거의 체포되기에 이르렀던 것으로, 이 해 말로 한국 공산주의운동은 사실상 마비되었[13]던 것이니, 이 때는 곧 국내에 있어서의 표면적인 진보적인 운동이 막을 내리고 지하로 잠적하게 되는 전환기였던 것입니다. 이에 반동적 형식주의자 김기진이 '극도로 재미없는 정세'라며 예술계도 자진해서 전향할 것을 선언한 것입니다. 그러니까 '그 때'는 과연 무시무시한 공포의 공기가 사회를 짓누르던 어두운 시절이었던 것임을 알 수 있습니다. 그런데 바로 이렇게 동료 비평가가 깃발을 내리자고 하던 때에 임화는 무슨 개수작이냐며 동료의 주장에 이의를 달기 전에 먼저 끓어오르는 참을 수 없는 분노의 감정을 던져놓았던 것입니다. 그것은 개인적 분개이자 민족적 분노의 그것으로 여기서 우리는 개인적 발화이자 사회적 담화로서의 '도적놈'이 지닌 언어의 비밀결사로 시적 혁명으로서의 언어의 기능이 적지 않음을 능히 짐작할 수 있는 것입니

---

13) 스칼라피노·이정식, 〈한국공산주의운동사1〉, 돌베개, 1986.

다. 그래 이렇게 어려운 시절에 또한 아무데나 실을 수 없는 터라 조선공산당 기관지 역할을 했던 〈조선지광〉에 발표한 이유도 여기에 있는 것으로, 그동안 조선 경향문학의 발흥에서 적지 않은 역할을 해온 천도교 기관지 〈개벽〉이 최린 등이 일본제국 내의 조선자치朝鮮自治로 운동의 중심이 기우는 등 민족개량주의의 온상이 되고 말았기 때문입니다.

김기진의 전향 선언이나 다름없는 이 선언은 카프 내에서 예술의 '대중화 논쟁'을 불러일으켰습니다. 그러나 이에 대해 임화는 '원칙론'을 표방하였던 것이니, 그리하여 어두운 궁핍한 시대에 있어서의 시인의 사명과 관련하여 내보인 임화의 성숙한 태도는 아무리 과장해도 지나치지 않는 것입니다. '이솝적 언어'라는 표현이 있습니다. 이것은 레닌이 〈제국주의, 자본주의의 최고단계〉의 '서문'에서 쓰기 시작하면서 일반화된 것으로, 이것은 뭐 노예의 언어를 상징하는 말입니다. 그러니까 노예 출신이었다는 그리스의 이솝이 인생의 진리를 이야기하는데 있어 권력자를 의식해 자신의 의견을 동물, 사물에 빗대어 우회적으로 돌려 말하기 했다는 데서 이솝 우화가 나왔다는 것처럼, 꼭 그처럼 레닌 또한 이 책을 쓸 당시 짜르 체제를 의식해서 이솝처럼 우회적으로 글을 쓰지 않을 수 없었다는 푸념에서 나온 말입니다. 그것은 한편으로는 노예의, 굴종의 언어요, 그러나 다른 한편으로는 저 〈삼국유사〉 '경덕왕 조'의 유명한 '당나귀 귀' 우화처럼 힘없는 약자들의 삶의 지혜를 대변하는 것이기도 합니다.

중요한 것은 임화의 시가 그 운동의 원칙('도적놈')을 잘 지켰을 뿐 아니라 이를 이솝적 언어의 형식으로도 완곡하게('굳은 벽돌담') 잘 표현했으며, 그 미적 측면에서도 풍요한 성취('시적 이야기')를 또한 보여주고 있다는 점입니다. 이것은 내용 중심(박영희)과 형식 중심(김팔봉), 개인 중심(김화산) 그 어느 것에도 기울지 않은 임화 그만의 '**미적 금도襟度**'를 보여준 경우라 하지 않을 수 없습니다. 그러니까 임화의 시가 당대 민중의 전폭적인 지지와 사랑을 받을 수밖에 없던 것은 그만한 이유가 있던 것으로 '네거리의 순이'는 내용에 빠져 한낱 이데올로기의 선전물이 되지도 않았고, 형식에 치우쳐서 그들만의 오락물인 '예술을 위한 예술'이 되지도 않았을 뿐 아니라 개인적이면서도 사회적 언어로서의 민중의 건강한 정서와 이솝적 언어로서의 표현의 지혜를 또한 지녔음은 무론 일상의 생활 현실에 터한 한국적 이야기 형식으로서의 공전의 서정적 프로시를 창안해 내놓았다고 보았을 때, 이것은 분명 임화가 이루어낸 한국민족문학발전사의 빛나는 성취라 할 것입니다.

중요한 것은 임화의 프로시가 하나의 이야기의 성격을 지니고 있다는 점입니다. 그러니까 이야기는 단순한 문학적 형식이나 양식의 문제가 아니라 하나의 인식론적 범주의 문제로, 왜냐하

먼 이야기를 통해 우리는 '도적놈' 처럼 유명론적 해명을 통해 실체의 면모를 여지없이 확인하기 때문입니다. 이야기는 앎의 모럴입니다. 임화의 프로시는 이렇게 조선 민중을 불행에 처넣은 일제에 대해 진실하고 격정에 넘친 페이소스한 분개를 드러냄으로써 모순적 식민사회현실에 대한 형상적 인식을 잘 드러내고 있을 뿐만 아니라, 그 인간해방서사로서의 인륜적 의의 또한 제대로 고취시키고 있는 것입니다.

이뿐만이 아닙니다. 그는 카프의 실질적인 새크러터리이자, 당대 최고의 이론가로서, 또한 학예사의 주간으로 김태준 등과 더불어 일제의 이와나미문고岩波文庫의 문화적 침략에 맞서 학예사의 '조선문고朝鮮文庫'를 통해 길지 않은 동안 시 소설 연극 평론 등[14] 조선 문학의 전 분야에 걸쳐 당대 최고 수준의 고전적 컬렉션들을 연이어 출간함으로써 조선적 정체성identity 형성에 결정적으로 기여하고 있습니다. 그리하여 말해 보건대, 민족

---

14) 자세한 목록을 들면 다음과 같습니다. 김태준(金台俊) 해제解題의 《원본춘향전原本春香傳》, 김천택(金天澤) 찬撰, 김태준 교열校閱의 《청구영언靑丘永言》, 이응수(李應洙) 편주編註의 《상해김립시집詳解金笠詩集》, 김태준(金台俊) 교주(校註)의 《고려가사高麗歌詞》, 신구현(申龜鉉) 역주의 《역대여류시가선》, 임화(林和) 편編의 《현대시인선집》, 김남천(金南天)의 단편집 《소년행 少年行》, 이효석(李孝石)의 단편집 《해바라기》, 임화(林和) 편編, 김재욱(金在旭) 해제解題의 《조선민요선》, 김태오(金泰午) 편編의 《조선전래동요선》, 김재철(金在喆)의 《조선연극사》, 김태준(金台俊)의 《조선소설사》 재간, 채만식(蔡萬植)의 《채만식단편집》, 유진오(俞鎭午)의 《유진오단편집》, 이기영(李箕永)의 《이기영단편집》, 김기림(金起林)의 시집 《태양의 풍속》, 서인식(徐寅植)의 평론집 《역사와 문화》, 박태원(朴泰遠)의 《박태원단편집》, 안회남(安懷南)의 《안회남단편집》, 이태준(李泰俊)의 《이태준단편집》, 임학수(林學洙) 역편의 《현대영시선》 《일리아-드》, 유자후(柳子厚)의 《조선화폐고》, 서인식(徐寅植)의 《역사와 문화》, 임화(林和)의 《문학의 논리》…

의 가장 어둡고 궁핍하던 시대, 그는 조선 문화를 지킨 거대한 수문장이자 장대한 호위무사였습니다. 대표작 '네거리의 순이'를 비롯 그의 프로시가 서정시가 아니고 김팔봉의 주장대로 단편서사시를 넘어 하나의 쟁의서사爭議敍事로 식민지시대 조선 민중의 이해를 날카롭게 대변했던 당대 최고의 저항시로 전조선 민중의 전폭적인 사랑을 받은 이유도 여기에 있습니다. 대체 그 착취를 본위로 하는 일제 이식자본주의의 그악한 현실에 처한, 그리하여 눈물 나는 가난한 현실에 신음하고 있는 조선 민중들의 계급해방을 내세우며 모순적 현실을 올바로 보고 혁신하고자 하는 게 무에 그리 무서웠는지 진보 저널을 대표한다는 염 씨의 눈깔은 어디에 그 지향점을 두고 카프 작가들을 역사의 무덤에 생매장시키려 했는지…

나는 엄히 묻지 않을 수 없습니다.

3, 카프의 작품들은 관념 과잉의 미숙한 조제품에 불과한가

이 시대의 밀레토스는 계속해서 말합니다. 카프 작가들, 그들이 내놓은 문학적 결과는 관념 과잉의 미숙한 조제품에 그치는 수가 많았다고 말입니다.

이것은 부드럽게 말하기, 돌려말하기의 일종으로 하이브로한 교양언어입니다. 그러나 그 본의는 무엇인지… 이번에는 프로이트를 개조로 하고 융, 라캉, 바흐친, 마르쿠제 등 서구 정신분석학의 비판적 후예들이 내놓은 탁월한 문화이론을 무기로 우리의 평단에서 거목의 위치를 점하고 있는 그의 입장이 지니고 있는 진정한 의도가 무엇인지 좀 밀도있게densely 다루어 보고자 합니다. 프로이트의 이론을 가지고 임화 작품의 본령을 분석하는 것이 적의適宜한 것은 임화가 소년 시절부터 이미 프로이트의 이론에 정통하였고, 시창작에도 성공적으로 적용하였기 때문입니다.

나는 앞에서 그를 김현, 김윤식과 더불어 '음험한 기도자企圖者'

라 했습니다. 이것은 개인적인 발화를 넘어 사회적 책임을 져야 하는 신중한 발언입니다. 대체 음험하다는 것은 겉으로는 부드럽고 솔직한 체하나, 속은 내숭스럽고 음흉하다는 것입니다. 기도자는 또한 그 어떤 일을 이루려고 꾀하는 사람을 말합니다. 여기, 어떤 일을 이루려고 꾀하는 사람의 내숭스럽고 음흉한 본질을 알아보는 방법의 하나로 프로이트의 정신분석학이 적지 않은 도움을 주고 있다는 데서 우리는 그의 이론을 원용하지 않을 수 없는데, 왜냐하면 정신분석학자 프로이트 문화이론의 가장 중요한 것으로는 그가 환자들의 꿈과 말실수 등을 분석하면서 의식적 언술의 틈을 통하여 드러나는 무의식적 표현들이 그 나름으로 분절되고 조직되어 있다는 사실에 대한 깊은 통찰을 담고 있기 때문입니다.

여기, 염 씨의 말이 그렇습니다. 한국 평단의 내로라하는 일급 평론가인 그가 카프의 작가들을 한데 몰아 언급하면서 '계급해방'이니, '관념 과잉'이니 하면서 언급하는 일련의 언표에는 일제하의 가장 전위에 서 있던 한국민족문학건설의 실질적인 주류였던 카프 및 계급해방세력에 대한 가짜 민족문학세력의 콤플렉스로서의 무의식을 극적으로 드러낸 구조적 결과라 하지 않을 수 없습니다. 그러니까 모든 작품을 보고 열람할 수 있는 위치에 있는 그가 카프의 작품에는 가령, 가장 대표적으로 이기영과 임화를 보더라도 그들의 작품이 일제하 한국민족민중문학의 최고의 위치에 있음을 모르지 않음에도 불구하고 왜 굳이 관념과잉의 미숙한 조제품에 그치는 수가 많았다고 애써 실수인 척 개평을 내리고 있는지 말입니다.

이것은 결코 우연적인 현상이 아니고 하나의 진지한 정신적 행위라 할 것입니다. 그러니까 지그문트 프로이트[15]에 따르면, 실수는 의도된 결과입니다. 더구나 이런 실수행위로서의 의도된 반복은 심리적으로 어떤 집요함을 드러낸 것으로 집요함이란 우연적인 일에는 결코 수반되지 않는 것입니다. 다시 말해서 이기영, 임화뿐만 아니라 이상화, 조명희 등 한국민족민중문학을 떠받치고 있는 기둥에는 뛰어난 카프 작가들이 하나둘이 아니거늘 이 모든 카프 작가들을 싸잡아 비판하면서 '일반화의 오류'를 범하고 있는 것은 심리적으로 의도된 결과로, 이것은 분명 카프를 한국의 민족문학사에서 영원히 배제시키려는 계급 콤플렉스의 결과라 하지 않을 수 없는 것입니다. 대체 자청해서 잘못 말하려고 하는 사람은 없는 것입니다. 잘못 말하기의 아주 사소한 경우 속에는 이렇게 음흉한 진실이 또아리를 틀고 있는 것입니다.

이것은 심리학적으로 하나의 '투사投射'의 결과라 할 것입니다. 가령 자신의 부정不貞을 감추려는 부인이 사소한 것에 얽매어 신경증적으로 집요하게 남편을 반목 질투하는 것처럼, 꼭 그처

---

[15] 지그문트 프로이트, 〈정신분석강의〉, 열린책들, 2023

럼 염 씨 또한 가장 악질적인 친일부역자 가운데 하나인 김팔봉을 감싸고 돌았던 불미不美한 전력을 감추기 위해 그와 대척 관계에 있던 임화를 비롯한 카프 세력에 대한 집요한 비판에 동참한 것이라 할 것입니다. 이것은 점잖은 부인의 병력病歷을 지배하고 있는 것으로서의 무의식에 자신의 증세를 왜곡, 은폐하려는 기도가 놓여있듯이, 그의 마음속에도 자신의 전력前歷을 은폐하려는 없지 아니할 하나의 토대로서의 무의식이 존재한다 할 것입니다. 과연 그러할지…

그전에 '민족문학' 운운하며 카프와 적대적 관계에 있던 이광수를 비롯 김동인과 서정주, 김팔봉 등은 자신들의 주장을 내걸면서 늘 '민족'을 하나의 깃발처럼 상징으로 내세웠습니다. 민족은 자신들을 지키는 이념적 방패이자 종교적 신앙입니다. 민족은, 그러나 하나의 두루뭉술한 관념이고, 더 정확하게는 민족은 또 하나의 가면에 불과합니다. 그러니까 민족은 하나의 상상된 공동체로 근대 부르주아의 개인주의 이념을 호도한 국가주의 이념으로 전체주의 독재자들의 이데올로기였던 것으로-무론 우리는 민족시인 이육사, 한용운, 윤동주, 이상화 등 진정한 의미에 있어서의 저항적 민족주의 시인들이 지녔던 본질을 간과해서는 안 되는 것이지만-민족은 늘 국민을 기만하고 그들을 희생으로 내모는 거짓 이데올로기였던 것입니다.

가령 김동인은 프로문학하면 늘 적대적 감정을 내세워서는 선전문학이니 망치문학이니 했던 것으로 '살인방화소설주먹마치시'라 했던 것입니다. 김팔봉 또한 동료 소설가 박영희의 초기 경향 소설을 언급하면서 "기둥과 서까래도 없이 붉은 지붕을 얹어서야 되겠느냐"라며 계급문학에 선을 그으며 형식주의 비평의 일 면모를 드러냈는데, 여기, 염 씨가 카프의 작품들은 대부분 관념 과잉의 미숙한 조제품에 불과하다는 것과 김동인과 김팔봉의 말은 카프에 대한 적대적 감정을 드러낸 민족부르 문학계의 적의의 감정에 치우친 악의적인 평가라는 측면에서는 전혀 다르지 않은 것입니다. 그래, 객관적인 사실을 넘어 신경증적인 반응으로 카프의 작품들이 모두 '관념 과잉'이라는 과잉 해석은 그들의 작품이 사회시, 계급시라는 것이고, 뭐 뚜드려 부시는 망치문학에 다름 아니라는 무의식적인 악의惡意를 드러낸 것입니다. '미숙한 조제품' 또한 그들의 작품이 세련되지 모했단 것입니다. 이것은 그러나 카프 문학 전체뿐만이 아니라 해 작가에게는 치명적인 낙인에 해당하는 것입니다. 중요한 것은 그가 다만 개인이 아니라 사회적으로 높은 자리에 있으면서 이런 발언으로 특정 대상에 상징폭력을 행사하고 있다는 점이고, 더욱 중요한 것은 한국문학의 지형에서 그의 발언이 지닌 영향과 파급력이 적지 않다는 사실입니다. 우리가 그의 무의식에 따른 의도적인 발언을 외면look away해서는 안 되는 진정한 이유가 바로 여기에 있습니다.

자, 그렇다면 대부분의 카프의 작품들은 과연 그렇게 현실을 초월한 관념 과잉으로 가득 차 있고, 미숙한 조제품에 불과한 형편없는 작품들인지, 프로이트의 정신분석학으로 그들이 생산한 문화이론을 통해 나의 소임을 감당해 보겠습니다. 우리가 프로이트의 정신분석학이라는 서구의 문화이론을 활용하는 이유는 그와 정신분석이론가들이 내놓은 서구의 문화이론들이 텍스트를 분석하기에 매우 적절하고 탁월한 이론이기도 하거니와, 안타깝게도 우리는 우리 대로 텍스트를 분석할 적절한 문화이론과 개념 도구들이 부족하기 때문입니다.

잘 알다시피, 철학은 개념을 통한 사유의 학문입니다. 그러니까 개념은 사유의 도구입니다. 이런 개념─그것도 낡은 개념이 아닌 창조적 개념을 통해─을 지녀야만 우리는 비로소 텍스트에 대한 올바른 접근으로서의 문학의 철학되기를 할 수 있는 것으로, 그래 프로이트는 우리가 아는 바대로 '콤플렉스'니 '억압'이니 '트라우마'니 '무의식'이니 하는 공전의 개념으로 의식 너머에 도사리고 있는 개인의 심층을 이해하기 시작했던 것입니다. 칼 융(《인간과 상징》)은 프로이트의 이런 개인적 심리학을 인류학의 차원으로, '집단무의식'이라는 상징의 세계로 정신분석학의 범위와 지평을 넓혀놓았습니다. 또한 구조주의 정신분석학자 라캉(《에크리》)은 프로이트의 정신분석학과 소쉬르의 언어학을 박치기시켜 '언어는 무의식처럼 구조화되어 있다'는 금칼 같은 명제를 들고 나왔고, '영상계'와 '상징계'라는 개념을 통해 인간을 이해하는 또 하나의 새로운 지평을 열었던 것입니다. 그래 인간은 처음 거울단계라는 영상계에서는 거울을 보면서 거울과 자신을 구별하지 모하는 아이처럼 인간과 세계, 자아와 타자를 구별하지 모하였던 것입니다. 그러나 언어를 배우기 시작하는 상징계에 들어서서 아이는 인간과 세계, 자아와 타자를 구별하기 시작하는 것입니다. 그러나 언어를 배우면서 주체는 그의 본질을 박탈당합니다. 왜냐하면 내가 스스로 말하는 것 같지만 사실 내가 무심코 사용하는 언어(적 질서와 구조)는 외부의 것이기 때문입니다. 그러니까 아이는 언어가 지배하는 상징계를 정복함에 의해서가 아니라 상징계에 복종함에 의해서 사회의 정상적인 구성원이 되는 것입니다. 이것이 바로 그 유명한 헤겔의 '인정 논리'이기도 합니다. 늘샘이 '맞춤법'을 파괴해서 '마춤법'하면 당장 반발하는 것처럼, 꼭 그처럼 인정 논리는 사회화의 중요한 단계입니다. 그래 아이가 선택할 수 있는 길은 상징계에 자신을 맞추어 자기를 억제하거나 아니면 저항하는 수밖에 없습니다. 그러나 비록 천재였으나 박제가 된 조선의 시인 이상처럼 폭력 앞에서 나약한 주체는 겨우 환유나 은유, 또는 상징이라는 곁문으로 검열을 피하면서 농담이나 말실수와 같이 의식적 언술에 나 있는 틈으로 은밀하게 자신을 표현할 수밖에 없는데, 가장 대표적으로 난해시로 유명한 '오감도'도 그중의 하나로, 이것이 바로 레닌의 이른바 '빌어먹을 이솝적 언어'의 하나입니다.

이런 지식은 그러나 궁핍한 시기, 우리의 문학작품을 분석하는 데 훌륭한 개념도구가 될 수 있습니다. 앞에서 보았다시피 일제는 수많은 동학농민군을 비롯 조선의 왕후를 살해하는 등 조선의 민중을 잔인하게 도륙내고 1910년 조선을 강제로 병합시켰습니다. 이것이 계기가 되어 전국적인 의병투쟁으로, 1919년 3.1혁명으로, 1926년 6.10만세운동으로, 1929년의 광주학생운동으로 조선의 항일 민족운동은 끊이지 않았습니다. 그러나 조선 민중의 군사적, 정치적 저항은 번번이 좌절되었습니다. 그 변곡점이 1929년의 광주학생운동입니다. 그 앞뒤로 신간회 출범(1927)과 해산(1931), 카프의 탄생(1925)과 죽음(1935)이 있었습니다. 이런 사실은 국내에서의 군사적 저항은 무론 정치적 저항이 더이상 불가능해졌음을 보여주는 것이고, 이에 일제와의 치열한 싸움은 필연 문화적, 미적 저항이라는 '간접적인' 형태로만 가능해졌음을 암시한다고 볼 수 있습니다. 그러나 이것 또한 현실적으로 '검열'이라는 제도적 족쇄로 말미암아 진실한 문학적 표현은 저 프랑스의 정치적 좌절의 산물로 태어난 보들레에르, 랭보, 베를렌느 등 프랑스 상징주의자들 맹키로 〈백조〉파에서 볼 수 있는 바대로 우리의 문학 또한 점점 은유와 상징의 숲으로 향하지 않을 수 없었습니다. 이것은 이들의 영향에서 자유로울 수 없던 임화의 시적 성취와도 관련되는 부분으로 1930년대가 한국민족민중문화건설의 황금기라는 평가도 여기에 그 실질적인 의미가 있다 할 것입니다.

그러나 조선의 식민지 수탈(금, 쌀과 광물자원과 값싼 노동력)에 기반한 1920년대, 일본제국주의로서는 더할 수 없는 호황기였습니다. 이른바 '**대정大正 데모크러시**'이니 '**대정 로망**'이니 하던 시대, 그들은 자신이 있던 시기였습니다. 그래 마르크시즘이든 모더니즘이든 서구 근대의 선진적인 문화와 문명을 담은 서적과 기물들이 거침없이 쏟아져 들어오던 문화적 해빙기 무렵, 조선의 임화 또한 그 무엇에 굶주려 일본을 통한 우수한 서구문화를 이식移植하는데 조금도 주저하지 않았습니다. 그래 그의 유명한 '이식문화론'은 상호성에 입각한 문화교섭론이자 웅변적 개혁철학으로서의 또 하나의 북학론으로, 그러나 그 또한 하나의 투쟁이 되었던 것16)으로 후진국의 현실을 빨리 넘어서야 한다는 파이오닐로서의 선구자적 자각이 크게 작동했던 것입니다. 이에 세계를 진동시킨 마르크시즘을 비롯 정신분석학, 기호철학 등 19세기 이후 광채를 더한 서구 문명의 최고지식을 담은 진보적인 문화이론을 섭취하기에 그의 청춘은 참으로 뜨거웠습니다. 그리하여 앞장에서 본 바대로, 마르크시즘이 기본적인 논의의 전제로 '사회'를 그 중심에 놓고 있는 정치적 문화적 담론이었다면, 프로이트의 정신분석학은 이와는 반대로 '개인'을 그 분석의 전제로 하는, 그러나 그 본질에 있어서는 개인의 이면에 스민 사회-문화적 지층에 대한 심오한 분석을 지닌 근대의 대표적인 문화이론 중의 하나입니다.

---

16) 보다 자세한 것은 졸저 〈청년 임화〉(2023, 사실과가치)를 참조 바랍니다.

정신분석학이 일반 학계에 알려진 이후 아직 20년이란 시일도 채 얼마 넘지 않은 때 이건마는, 그의 의학적 방면뿐이 아니라 철학 사회학 교육학, 더구나 지금 말하고자 하는 문학이나 예술 해부학藝術解剖學 상에 파급한 영향이란 참으로 막대하다고 할 수 있다.

그리고 문예비판 상에 야기한 센세이션이란 비상한 것으로, 그의 학설에 입각한 문예평은 여간 수다數多한 것이 아니었다. 당자當者인 프로이트 S. Freud 박사는 정신분석학은 코페르니쿠스 N. Copernicus의 지동설 이래의 대발견이라고까지 스스로 자랑케 한 것이다.

요컨대 재래 심리학은 정신물리학으로 일종의 자연과학이었으나, 이 정신분석학은 일반 심리학과 같이 다수多數한 사람의 심리를 개괄적으로 공통성을 연구하는 게 아니라, 개개인에게 특유한 심리를 전혀 개별적 견지로서 연구를 하는 것이다. 말하지면 개성심리학이라고도 부를 수가 있는 것이다.

-임화, '정신분석학을 기초로 한 계급문학의 비판', 소명출판

그리하여 당대의 사회문화적 환경에서 서구 문화이론의 왕성한 섭취에 주저하지 않았던 조선의 프로시인이자 이론가이며 맹렬한 탐독가인 임화가 마르크시즘은 무론 프로이트의 정신분석학을 치열하게 공부하여 단순한 문화적 이식을 넘어 이를 전유, 자

기화함은 무론 작품화하기에 이른 것은 결코 우연이 아닙니다. 즉 임화는 1926년 11월 22일에서 24일까지 조선일보에 '**정신분석학을 기초로 한 계급문학의 비판**'이라는 평론을 싣고 있습니다. 당시 서구의 지적저작물이 거의 실시간으로 번역되는 현실에서 임화는 분명 〈꿈의 해석〉(1900)과 〈정신분석강의〉(1917) 일어 번역판을 보았을 것입니다. 그러나 이것은 참으로 놀라지 않을 수 없는 게 그가 이 글을 연재할 당시 그는 보성고보를 갓 중퇴한 18세의 소년 문사에 지나지 않았다는 점이고, 더욱 놀라운 것은 당시만 해도 낯설고 새로운 서구의 근대학문을 '정신분석학을 기초로 한'에서 볼 수 있는 것처럼, 조선의 눈깔을 가지고 주체적으로 읽어내고 있다는 점이며, 무엇보다 나를 가장 놀라게 한 것은 그가 대부분의 의사, 변호사처럼 단순히 개인적 영달을 위해서 현해탄을 건너간 게 아니라 '혁토'에서 본 것처럼 조선 민족과 민중의 내일을 위해 공부했으며, 그러니까 임화는 서구 근대 부르주아 개인주의를 전제로 한 프로이트이론으로부터 '억압'의 개념을 이끌어 오지만 그것을 개인적 수준에서 그치지 않고 집단적인, 그러니까 식민 치하 조선 민중이 놓인 궁핍했던 시대 상황에 적용하고 있으며, 그 결과 또한 우리를 실망시키지 않기에 더욱 눈을 씻고 다시 보게 된다는 점입니다.

프로이트는 언제든지 문예나 예술을 논할 제 흔히 꿈[夢]을 많이 인용했던 것이다. 꿈은 보통 누구나 생리적으로 오장五臟의

피로로 인하여 일어나는 것이라고 말한다. <u>그러나 그는 꿈이라는 것은 결코 그런 생리적인 원인을 가진 게 아니라, 정신적으로 억압된 정의情意의 누설漏洩이라고 말한다.</u> 즉 절대로 무한히 앙양 비약을 하려고 하는 위대한 방분성放奔性과 생명력이나 강한 자아 충동으로 인한 본능적 심령의 발작이 일상 복잡한 생활, 즉 장해 많은 생활 속에서는 어떤 유형 무형을 물론하고 어떤 방법 형식으로 억압 작용을 받아, 그의 자재自在한 행동의 조지阻止를 받는 것이다(밑줄-글쓴이)

-임화, 동일서

'꿈은 정신적으로 억압된 정의의 누설'이라는 프로이트의 명제를 재정의한 임화의 서술을 통해서 우리는 정신의 억압이 억압 그 자체로 발생한 게 아니라 외부와의 관계라는 개인적이고 사회적인 변증법적 맥락이라는 특정한 관계에서 나온 것임을 볼 수 있습니다. 이는 그대로 개인은 독자적으로는 존재할 수 없는 사회적 자아라는 사실을 웅변하고 있는 것입니다. 이런 사실은 결과적으로 하나의 변증법적 사유의 차원에서 내부와 외부, 개인과 사회의 관계에 대한 새로운 이해를 요구합니다. 즉 내부는 외부는 아니지만 외부가 없으면 내부가 될 수 없으며, 이는 개인도 마찬가지이고 문학이라는 현상 또한 마찬가지입니다.

과연 그럴까요? 한 걸음 더 들어가 보겠습니다.

모두가 잘 알다시피, 문학은 본질적으로 감성의 세계이지 이성의 세계가 아닙니다. 이성은 어디까지나 분절적 사고로서의 논리와 과학의 영역입니다. 이런 점에서 문학은 하나의 상상의 영역으로서의 내적인 심리학과 떼어놓을 수 없습니다. 왜냐하면 심리학처럼 문학 또한 궁극적으로는 개인의 내면을 파고드는 세계이기 때문입니다. 정신분석학으로서의 근대 개인주의 심리학의 종조 프로이트는 하나의 억압의 이론으로 감성과 이성의 세계를 '쾌락원칙'과 '현실원칙'에 대입시켰습니다. 그는 말하고 있(프로이트, 〈정신분석학의 근본개념〉, 열린책들)습니다. 예술은 아주 독특한 방식으로 쾌락원칙과 현실원칙을, 이 두 원칙을 화해시킨다고 말입니다. 즉 (하나의 미적 저항으로) 예술가란 본디 처음부터 스스로가 현실이 요구한 본능적 만족의 포기를 받아들일 수 없기 때문에 현실(원칙)에 등을 돌린 사람이라고… 따라서 그는 (쾌락원칙이라는)환상적인 삶 속에서 자신의 야심에 가득 찬 소망과 성애적인 소망을 마음껏 펼쳐 보이고자 하는 사람이라고 말입니다. 사무실로 갈까 주점으로 갈까… 이것은 전통적으로 시장의 신과 예술의 신의 대립에 따른 현실적인 갈등이지만, 프로이트는 이것을 자신만의 새로운 개념으로 인간의 내면세계를 이해하고자 했던 것으로, 이것은 그대로 현실적 자아인 작가가 억압을 해소하기 위한 방편으로 그 또한 하나의 환유와 은유를 통해 창조한 쾌락적 자아인 시적 화자(시)와 서술자(소설)를 통해 자신의 소망을 달성하고자 하는 유토피아적 꿈으로서의 문학적 활동과 전혀 다르지 않은 것입니다. 그래 하나의 앎의 모럴로 진정한 시와 소설은 현실에서 좌절당한 욕망과 꿈을 실현하기 위한 탈은폐와 진실의 폭로에 바쳐진 것입니다. 여기에 더해 그는 이성에, 현실에 짓눌려 억압되어왔던 개인의 감성 뒤에 드리워진 '무의식'이라는 이드id를 발견, 정신의 신대륙을 개척한 학문의 코페르니쿠스입니다. 이것은 오랜 합리주의의 지배 아래서 감성 기능이 끊임없이 축소, 왜곡되어 왔기에 적지 않은 문명사적 의미를 지니는 것입니다.

자, 여기! 감성이 그 진실의 차원에서 쾌락원칙에, 개인의 욕망에, 에로스의 세계에 닿아 있다면, 이성은 현실원칙에, 사회의 규제에, 문명의 세계에 닿아 있습니다. 그러나 문학이 감성의, 쾌락원칙으로서의, 프로이트의, 욕망의, 에로스의 세계에만 머무른다면 이것은 마치 개인의 성욕이 비사회적이듯, 개인의 정서를 대상으로 다루는 서정시 또한 비사회적인 것으로 돌아볼 만한 가치를 지녔다 할 수 없을 것입니다. 왜냐하면 개인적 감성의, 욕망의, 에로스eros의 끝은 죽음tanatos이기 때문입니다. 그러나 프로이트의 또 다른 창조적 계승자인 사회철학자 마르쿠제가 〈에로스와 문명—프로이트 이론의 철학적 연구〉(나남)을 통해 잘 분석하고 있는 것처럼, 그는 개인의 욕망과 유토피아로서의 사회적 욕망이 다르지 않음을 역설하고 있습니다. 즉 마르크시즘과 정신분석학을 사회이론으로 탁월하게 결합한 그의 눈으로 보건대, 개인이 (성적) 억압에서 벗어나려는 내면의 충동이나 민중들이 사회적 억압에서 벗어나려는 유토피아적 욕망은 근본적으로 같다는 것입니다. 이는 문명은 본능의 억제에 그 바탕을 두고 있다.[17]는 프로이트의 명제를 사회학적으로 발전시킨 것입니다. 여기, 그러니까 개인적이자 사회적인[18] 성격을 지닌 프로이트 개인심리학이 그 본질에서 사회심리학이 될 수밖에 없는 근본 이유와 의의가 있습니다. 왜냐하면 개인의 욕망은 필시 사회의 규제로 끊임없이 억압되어 나온 결과이기에 개인 욕망의 문제는 결코 개인만의 문제가 아니기 때문입니다. 즉 개인들은 이 사회현실에서 도덕과 법을 가장한 각종 상징폭력 등 외부의 압력에 의한 외상trauma 등 사회적 폭력을 내면화하고, 이런 사회적 폭력으로서의 무형의 압력들은 알게 모르게 개인의 내면은 무론 심적 생활을 지배하고서는 편집증이나 망상, 또는 신경쇠약 등으로 자리를 잡아 움직일 수 없는 잠재적인 중심(구조)이 되고, 나아가서는 그의 생활 전부를 장악하고서는 인자 앙금처럼 움직일 수 없는 잠재적 형태로 가라앉았다가 어느 계기를 만나면 폭발하게 되는 것으로 프로이트는 꿈-형성의 출발점이 되

---

17) 프로이트, 〈문명 속의 불만〉, 열린책들, 2014.
18) 줄리아 크리스테바(《시적 언어의 혁명》, 동문선)의 말대로, "프로이트의 발견은, 19세기가 성에 대해 간직하고 있던 신비스런 베일을 벗김으로써, 성을 언어와 사회, 욕동과 사회-언어 상징적 질서 사이를 잇는 연결고리로 지적하였다는 데 있다."

는 이것을 '무의식' 또는 '이드'로 명명[19]했던 것입니다. 이것은 가령, 우리의 경직된 유교 사회에서 성性에 억압되었던 조선 민중들의 마당놀이 등에서 질펀한 성담론이 오가는 것이 건전한 본능의 실현이기보다는 과잉 억압 상태 아래에서의 파괴적 본능이 작동하기 때문이라 볼 수 있고, 천황제를 기본윤리로 하는 국가주의 시스템에서 정치적 욕구로서의 표현의 자유가 가로막힌 이웃나라에 성산업이 유달리 기승을 부리는 현상도 이와 크게 다르지 않은 이유입니다. 역사의 창조적인 도정이 막힌 곳에는 무의미해진 삶을 개인적으로 소진하는 막다른 골목만이 있을 뿐입니다. 그러니까 성性은 하나의 사회문화적 기호입니다.

이렇게 무의식 속에 앙금처럼 깊은 심층에 자리잡은 인간의 내면 심리는 어떤 계기를 만나면서, 그것이 자주 나타나는 꿈이든 무엇이든 돌연히 현실에 대두하는 것으로, 특히 섬세한 감각을 지닌 창작자에게는 도저히 잊을 수 없는 '그 꿈' 처럼-가령, 2024 노벨문학상 수상자인 한강의 최근작 〈작별하지 않는다〉(문학동네, 2021)에서 서술자는 2014년 그 도시에 대한 학살(《소년이 온다》-글쓴이)을 낸 지 두 달 가까이 지난 어느 때인가 해서는 꿈에 몸이 떨리기 시작하면서 거대한 칼이, 사람의 힘으로 들어올릴 수도 없을 무거운 쇳날이 허공에 떠서 자신의 몸을 겨누고 있는 잔인한 꿈을 꾸었다고 진술하고 있습니다-하나

---

19) 프로이트, 〈꿈의 해석〉, 열린책들, 2015

의 상징이나 비유, 환유 등 메타포라는 상상의 옷을 걸치고 나타나는 것입니다. 그러니까 일상인도 그렇지만 문학인의 경우에는 더욱 그것이 감상이든 창작이든 항상 하나의 구체적인 이미지로 잠재된 심리의 그림자가 따라붙게 되는 것입니다. 프로이트는 이러한 잠재된 심리의 그림자로서의 정신 구조의 기본층을 **'이드', '자아', '초자아'**로 보았습니다. 그러니까 '이드id'는—물론 프로이트에게는 범성애주의凡性愛主意라 할 리비도의, 성적 욕망의 형태로 주로 나타나고 있고, 칼 융에게는 집단기억으로서의 무의식의, 상징의 세계로 이해되지만—도저히 잊혀지지 않고 들끓고 있는 그 무엇으로서의 용암 같은 근본적인 문화적 지층이고, '자아ego'는 이것이 언젠가는 폭발하고야 말 억압된 무의식임을 의식하고 있는 현실적인 나를 말하는 것입니다. 이런 자아의 모든 중요한 기능들은 본능의 충족을 안전하게 보호하는 것입니다.[20] 그리고 '초자아super-ego'는 하나의 정신적 실체입니다. 여기, 초자아가 요청되었던 것은 억압적 상태에 놓인 실존적 자아에 대한 구원적 의미로 요청된 것이 아닌가 합니다. 그리하여 저 칸트적 오성을 지닌 자아는 근원적인 욕망을 지닌 이드와 이성을 지닌 초자아의 매개자로서 의미를 지닙니다.

**죽은 듯한 밤은 땅과 하늘에
가만히 덮였고**

---

20) H.마르쿠제, 〈에로스와 문명〉, 나남, 2017

음울한 대기는 갈수록 컴컴한
저 하늘 끝에서 땅 위를 헤매는데
소리 없이 자취를 감추고 나리는 가는 비는
고요히 졸고 있는 나무 위에
구슬 같은 눈물을 지워
어둔 밤에 헤매면서 우는
두견의 슬픈 눈물같이 굴러 떨어진다
남모르게 홀로 뛰는 혼령아
이 어둔 비 오는 밤에도 쉬지 않고 날뛰며
무엇을 너는 찾느냐?

−임화, '무엇 찾니', 〈매일신보〉, 1926. 4. 16

이것은 연대기적으로 볼 때 프로이트를 공부할 당시에 쓴 시가 분명합니다. 기법 면에서야 그가 좋아했던 상징주의 시인 베를렌느의 영향 하에 있는 작품이지만, '죽은 듯한 밤', '음울한 대기', '가는 비 내리는 어둔 밤' 등의 묘사는 분명 애상적이고 무기력한 것으로서의 식민지 시대의 암울한 환경에 대한 주관적 이미지의 대상적 반영입니다. 이런 주관적 이미지는 좀 상투적이고 진부한 표현이기는 하지만, 그러나 '두견의 슬픈 눈물'로 재대상화됨으로써 시적으로 간접화시키는 미적 승리의 문법을 보여주고 있습니다. 그런 화자는 지금 '남모르게 홀로 뛰는 혼령'

을 의식하고 있습니다. 이것은 실존적인 자아의식 너머에 꿈틀 거리고 있는 무의식적 충동에 대한 화자의 내면적 반응입니다. 그것은 곧 '너'로 지칭되면서 그런 자신을 대상화하고 있을 뿐 아니라 이런 대상에 대한 지양을 암시하고 있다고 볼 수 있습니다. 그러니까 우리는 여기서 미성년의 나이에 의식의 분열에 다다른 소년 임화 내면 의식이 담긴 진실한 자아상을 엿볼 수 있는 것으로, 하나의 복수성으로서의 화자의 내면에는 남모르게 홀로 뛰는 혼령도 있고, 이런 혼령을 '너'로 인식하고 있는 시적 자아도 있고, 다시 이런 자아를 재인식하고 있는 작품 밖의 초자아 또한 있다는 사실을 통해, 식민치하 현실에서 자아분열에 처한 한 시인의, 그러나 '무엇을 너는 찾느냐?'에서 볼 수 있듯이 분열된 자아에 대한 대자적('너') 인식을 통해 어둔 현실을 초극하고자 하는 한 낭만적 인간의 내면을 엿보게 되는 것입니다.

이드id/남모르게 홀로 뛰는 혼령

자아ego/시적 화자

초자아super-ego/작품 밖의 나

중요한 것은 이 심리의 그림자로서 화자의 의식을 끊임없이 따라다니며 인간을 좌우하는 무의식이 현실적인 의식의 세계와 무관하지 않다는 점입니다. 아니 무관할 수 없다는 사실입니다. 자, 이것은 평론에 실린 임화의 말이지만, 문예는 결코 도락적 기분에서부터 나오는 오락의 일종이 아니고 현실 생활을 초월한 것이 아닙니다. 그것은 절실한 현실 생활의 결과인 것이고, 비록 작가의 시각에 의해 일정 정도 굴절된be distorted 것일망정 이 또한 하나의 반영입니다. 이점에 있어서 문예 작품은 작가 자신의 참된 내면적 창조 생활의 일부분인 것이요, 다시 말하면 그 작가의 참된 생활의 전부라고도 볼 수 있는 것입니다. 그러므로 그 작가가 프롤레타리아 사회의 인물일 것 같으면, 그의 작품상에도 프롤레타리아 사회의식의 일부가 표현되어 있을 것은 정연한 일이다 라고 말입니다. 바로 여기서 우리는 임화가 프로이트의 심리학을 넘어 그가 말하고자 바의 진의를 읽을 수 있습니다. 그러니까 조선의 이론가이자 시인인 임화, 그는 이미 러시아의 문예철학자 바흐친(《프로이트주의》)과 독일의 사회철학자 마르쿠제(《에로스와 문명》)에 앞서서 개인의 억압이 단순히 개인의 억압만이 아니라 그것은 필연 사회의 일부로서 집단의 억압이고 민족의 억압이며, 그대로 짓눌린 민중의 억압이라고 보았던 것입니다. 이것은 조선이 낳은 세계적인 시인이자 이론가의 탁월한 창조적 해석의 눈깔이 아닐 수 없습니다.

프로문학의 현출은 결코 우연이 아니다. 시대의 고민을 집단적으로 받는 억압은 반드시 문학 상에 심적 상해를 노출하게 된

것이다. 그리하여 민족적으로 받는 고민과 억압은 반드시 민족문학상에 잠재가 되어 나올 것이고 민중이 받는 억압은 반드시 그 민중예술상에 혁혁히 나타날 것이다.
-임화, '정신분석학을 기초로 한 계급문학의 비판'

그리하여 그가 이렇게 인간의 내면세계를 깊이 통찰한 우수한 문화이론인 프로이트의 정신분석학을 조선문예상 창작의 현실과 연관시켜 낳은 작품들은 식민치하 현실의 억압에 대한 폭발적 성격을 띤 것이고, 그것은 매우 격렬하고 위험성을 띤 것이자 동시에 위대한 현실감을 지닌 것임을 역사적으로 자각했던 것이고, 이런 맥락에서 조선의 현실에 터한 이야기시로서의 공전의 서정적 프로시의 창작 또한 이뤄졌던 것입니다.

……
순이야, 누이야!
근로하는 청년, 용감한 사내의 연인아!
생각해보아라, 오늘은 네 귀중한 청년인 용감한 사내가
젊은 날을 부지런한 일에 보내던 그 여윈 손가락으로
지금은 굳은 벽돌담에다 달력을 그리겠구나!
또 이것 봐라, 어서.
이 사내도 네 커다란 오빠를……
남은 것이라고는 때 묻은 넥타이 하나뿐이 아니냐!

오오, 눈보라는
'트럭' 처럼 길거리를 휘몰아간다(밑줄-글쓴이)

-임화의 '네거리의 순이'(1929. 1)중에서

자, 여기 소년 시절의 '무엇 찾니'(1926)와 달리 내면의 갈등이 극복되면서 나타나고 있는 청년 임화의 서정적 프로시가 나의 가슴을 헤집고 지나가는 뜨거운 분개(~아니냐!)로서의 격정은 무엇인가. 그것은 과연 한갓 개인의 욕망이 아니요, 결코 한때거리 격정이 아니라는데 적지 않은 의미가 있습니다. 그것은 저 공화국의 전통을 지닌 프랑스의 '**르상티망**resentiment'이랄까, 개인적이면서도 분명 사회적인 분노로서의 그 무엇입니다. 대체 '그 무엇'은 또 뭐란 말인가. 여기, 하나의 개인의 내면을 다룬 서정시이자 동시에 식민 치하 조선 민중의 현실을 노래한 사회시로 이 시의 비밀을 밝힌다는 것은 단지 이 시가 지닌 개인적 비밀만의 문제가 아니기 때문이기도 하지만, 그러면서도 이 시가 적지 않은 공명을 일으키면서 내 마음의 심부에 와 닿고 있는 것은 저 칸트적 '공통감common sense'이랄까 우리를 저 시적 뮤즈의 세계에 끌어들이기에 충분히 공감할만한 그 무엇으로 사회문화적 환경milieu으로서의 객관적이고 보편적인 심리적 유인motive을 지니고 있기 때문입니다.

그래 이 시가 지닌 사회-심리적 유인으로서 지닌 호소력의 힘은 무엇보다 그 '서사성narrativity'에 있습니다. 대체 앎의 문제와 관련된 것으로, 서사는 하나의 인지적 도구[21]가 아닌가 말입니다. 그러니까 우리는 시대의 고통을 고발하고 있는 임화의 서정적 프로시를 통해 젊은이가 왜 '굳은 벽돌담'에 갇혀 있어야 하는지 모순된 조선사회의 현실을 보게 되는 것입니다. 그러니까 이 시는 자신의 내면을 진실하게 표출한 서정시이되 한낮 서정적 독백만이 아니라는데 이 시의 진정한 의의가 있습니다. 임화의 시는 사회와의 연관을 상실하고 홀로 외딴방에 갇힌 외로운 lonely 서정시가 아닙니다. 즉 화자는 분명 너, 순이에게 이야기를 건네고 있는 담화의 주체로서의 오빠인 나입니다. 그러나 나와 너 사이에 너를 사랑하는 용감한 청년인 그가 있음으로 서정은 다시 사회적 관계로서의 서사의 광장으로 넘어갑니다.

여기, 사진[22] (서울역사박물관, '사진엽서-전차', 서37007)의 한 장면을 보겠습니다. 이것은 일제 시기 1920년대 경성의 명소의 하나인 종로 2가 거리의 모습을 담은 우편엽서입니다. (사진에는) 근대 문명의 상징인 전기가 들어오고 전차와 자동차가 다니고 신식건물이 즐비한 가운데 또한 땀을 훔치고 있는 인력거꾼이 보이고 우마차와 자전거가 중요한 교통수단이었던 당시의 현

---

21) 피터 부룩스, 〈스토리의 유혹〉, 엘피, 2023
22) 지면을 빌어 귀한 사진의 사용 허가에 적극 협조하여 주신 서울역사박물관 최인호 주무관님께 감사드립니다.

실이 담겨 있습니다. 그리고 동대문 방면을 두고 찍은 종로 거리 한복판에서 보따리를 들고 어딘지 모르게 바쁜 걸음을 놓고 있

는 조선의 여인이 클로즈업되어 있습니다. 거기, 종로 2가 거리 왼쪽의 위용을 갖춘 첫 번째 신식건물이 당시의 종로경찰서이고 다음 건물이 YMCA입니다. 그러니 종로 거리와 여인은 분리되어 있다 볼 수 없습니다. 즉 일제라는 식민의 공기를 호흡하고 있는 조선의 여인은 결코 독립된 개인이라 할 수 없습니다. 이것

은 실사實寫 이상의 상징적 의미를 지닌 것으로 당대의 진상을 담은 참으로 뛰어난 정경情景이 아닐 수 없습니다. 이것은 궁극적으로 임화의 대표시 '네거리의 순이'를 비롯한 프로시들이 결코 관념 과잉의 산물이 아니라는 실증입니다. 즉 네거리에서 마주친 너, 순이는 단순한 지시가 아니라 하나의 상징이라 할 것입니다.

그리하여 거기, 나와 너의 관계를 뛰어넘은 우리의 관계로서의 서사의 광장에서 '그는 지금 굳은 벽돌담에 갇혀 있다'는 냉엄한 현실인식으로서의 대자적 의식은 서정적인 개인의 세계를 훌쩍 뛰어넘은 사회적 관계로서의 정치적 무의식의 폭발 그것입니다. 여기, 이 그악한 현실에 눈을 뜬 정치적 무의식을 읽어내는 나 오빠는 현실적인 자아이자 하나의 매개로 또한 '네 커다란 오빠'라는 초자아로서 자신을 의식하고 있습니다. 남은 것이라고는 때 묻은 넥타이뿐인 창백한 지식인이자 무기력한 오빠로서의, 그러나 여기 남은 것이라고는 비록 때 묻은 넥타이뿐인 남루한 오빠일망정 그의 초인적 형상은 그대로 일제의 억압에 굴하지 않은 자의식으로서의 조선의 의식을 지

본문 103

닌 자들의 형상이고, 종로[23] 네거리에 선 민중의 모습이며, 그것은 그대로 네 커다란 오빠라는 대자적 의식을 지닌 파이오닐로서의 임화의 초자아를 확인할 수 있다는 데서-우리는 식민지 섬 코르시카에서 태어나 이른 나이에 프랑스의 황제가 된 젊은 나폴레옹을 사랑한-임화 프로시에 반영된 현실의식과 식민현실을 초극하고자 하는 그의 높은 영웅적 지향의식을 확인할 수 있습니다.

……
그러치 않은가!
누구가 대지로부터 슴여 올으는 생명인 봄의 수액을
누구가 청년의 가슴 속에 자라나는 영웅의 정신을 죽엄으로써

---

[23] 참고로 '종로鐘路'는 조선의 명소일 뿐만 아니라 기호학적인 의미에서 장소적으로 결절점의 위치를 점하고 있고, 인문지리적으로도 조선 민중의 정신이 깃든 곳이며, 민중 문화의 발상지입니다. 그것은 음양오행의 원리로 지어진 한양의 인문지리적 구조가 보신각普信閣 종루를 중심으로 동심원적으로 맺여져 있기 때문입니다. 여기, 사대문안의 중앙에 위치한 보신각의 '신信'은 인의예지신仁義禮智信의 하나로 오상이자 오행의 핵심입니다. 이는 또한 일제 시기 청계천을 중심으로 남촌(오늘의 충무로 일대로 당시의 혼마치本町, 본래는 물이 많은 진 땅이라 하여 '진고개'라 부르던 지역을 일인들이 거주하면서 본격적으로 개발되어 '일번지'라는 뜻의 '혼마치'로 불리다가 해방이 되어 다시 행정구역이 재편되고 명명하는 과정에서 일인들이 거주하던 지역임을 염두에 두고 '충무로'로 짖게 되었던 것입니다. 무론 '을지로' 또한 본래 흙먼지 누렇게 날리는 고개로 누런 구리를 닮았다는 데서 '구리개'로 불리던 곳으로 청인들이 주로 거주하여 '황금정'으로 불리다가 역시 해방 후 청인들이 주로 살던 지역임을 의식하여 을지로로 개칭한 것입니다)에는 주로 일인들이 거주하고, 북촌, 특히 육의전이 있어 운종가로도 불리던 종로를 중심으로 조선 민중들이 많이 거주하면서 생긴 역사적인 의미로 민중문화와 독립운동의 성지인 종로에서 나서 종로의 보성중학(지금의 조계사 자리)을 다닌 임화의 시에서 '종로 네거리'는 단순한 고향의 의미를 넘어 조선 민중의 거리로서 특히, 종로 네거리 '골목'은 김동석의 지적대로 패배자들의 도피처가 아니라 독립운동가들의 은신처로 성소聖所와도 같은 곳이고, 이곳 종로 네거리에 선 '순이'가 또한 조선 혼을 지닌 민중을 상징하는 은유이기도 합니다.

막겠는가

-'암흑의 정신', 〈현해탄〉

이것은 식민지 조선 청년의 숨길 수 없는 내면의 진실(일제에 대한 적개심으로서의)을 잘 보여주고 있는 한 대목입니다. 이런 청년 임화가 그 또한 동료들과 마찬가지로 1931년 카프 제1차 검거 사건으로, 저 종로경찰서에 총검거를 당한 사실이 우연일 수 없는 이유입니다.

감이 붉은 시골 가을이/아득히 푸른 하늘에 놀 같은/미결사의 가을 해가 밤보다도 길다. ('하늘', 〈현해탄〉)

중요한 것은 여기, 화자의 들끓어 오르는 일제와의 싸움에서 자신을 한갓 개인이 아닌 미결사(오늘의 '구치소'에 해당)에 갇힌 시적 화자로 대자화, 외화外化시키고 있다는 점입니다. 이것은 자신을 사회와 절연된 서정적 화자로 대하고 있는 시와는 전연 다른 것입니다. 또한 중요한 것은 임화의 시에는 분명 '영웅의 정신'처럼 이미지의 제시보다는 관념의 표출이 더 강하게 노출되고 있는 것도 엄연한 사실이라는 점입니다. 이것은 서정적 화자의 내면 의식에 기댄 언어가 아니라 민중 의식의 격한 진실의 일단을 대변하고자 하는 의식 과잉의 일 표현임을 부정할 수 없는 부분입니다. 그러나 우리가 놓치지 말아야 할 것은 그런 가운데서도 그가 결코 내면 의식의 일종으로서의 개인적 서정의 끈을 놓고 있지 않다는 데에 우리는 임화 프로시의 서정적 공감으로서의 공통감이 지닌 대중성의 근거가 있다 할 것입니다.

무론 염 씨의 지적대로 대부분의 카프 계열의 작품들이 '관념 과잉의 미숙한 조제품'에 불과하다는, 질이 낮은 작품이라는 평가를 부정할 수 없는 것도 '일부' 사실입니다. 그것은 좌익 소아병으로서의 편내용주의에 기운 박영희의 이른바 "잃은 것은 예술이요, 얻은 것은 이데올로기다."라는 패배자의 변명에 잘 나타나 있거니와, 아니 그것은 사실 일제 식민치하의 민족의 일 현실을 반영한 객관적인 진실이지만 분명 경향적 단계로서의 극단적인 살인 방화의 한계 그것입니다.

"아아, 부숴라! 모두 부숴라!"
소리를 지르면서 그는 벌떡 얼어섰다. 그의 손에는 식칼이 쥐어졌다. 그는 으악-소리를 치면서 칼을 들어서 내리찍었다. 아내, 학실이, 어머니, 할 것 없이 내리찍었다. 칼에 찍힌 새 생령은 부르르 떨며, 방 안에는 피비린내가 탁 터졌다.
"모두 죽여라. 이놈의 세상을 부시자. 복마전 같은 이놈의 세상을 부시자. 모두 죽여라!"

-최서해, '기아와 살육'(1925. 6. 〈조선문단〉)중에서

다음 시도 마찬가집니다.

소부르주아지들아
못나고비겁한소부르주아지들아
어서가거라너희들나라로
환멸의나라로타락의나라로
소부르주아지들아
부르주아의서자식(庶子息)프롤레타리아의적인소부주아지들아
어서가거라너갈데로가거라
홍등이달린카페로
따뜻한너의집안방구석에로
부드러운보금자리여편네무릎위로!
그래서환멸의나라속에서
달고단낮잠이나자거라
가거라가가어서!
작은새앙쥐같은소부르주아지들아
늙은여우같은소부르주아지들아
너의가면너의야욕너의모든지식의껍질을짊어지고

-권환, '가랴거든가거라', 〈카프시인집〉, 열린책들

이것은 분명 일종의 관념 과잉의 한 형태이자 좌익소아병으로서의 급진적 행동주의로 계급적 적대세력에 대한 분노와 성급한 열정을 직설적으로 드러냈을 뿐 예술의 그릇으로 승화시켜내지 모한 조잡한 작품입니다. 이것은 저 좌파 실문학實文學 최대의 소설가 이기영조차 한때의 미숙함으로 **"이 세상은 악마가 사는 세상이다. 그악하게 사는 악마의 세상이다! 저 잘살려고 남을 못살게 구는 악마 이상의 악마를 쳐죽여라. 그렇다. 죽여라. 죽여라! 아귀를 죽여라!"**(〈가난한 사람들〉, 〈개벽〉, 1925, 5) 하고 적대적 세계에 대한 극렬한 분노를 예술적으로 성숙하게 표현하기엔 역부족이었던 것입니다. 이런 류의 작품들이 비난받아야 할 이유는 뭐 불쾌감을 수반하기 때문입니다. 뭐 사실은 여전히 사실입니다. 진실한 용기도, 그러나 미적 완화에 대한 고려 없이 관념 과잉과 욕구 본능이 앞서서는 안 된다는 훌륭한 본보기로서 우리는 카프 작가들의 '일부' 조잡한 작품에 대한 냉혹한 비판을 간과할 수는 없습니다. 이런 점을 **뼈**를 때리게 환기시킨 그는 이 시대의 위대한 교사입니다.

그러나 나는 분명히 말하지만 예외적인 이기영의 경우(《서화》, 〈고향〉)도 경우지만 **'지나친 일반화의 오류'** 속에 임화의 성과를 도매금으로 팔아넘길 수는 없습니다. 뭐 임화의 시적 성취를 두고 말하는 것이지만 김동인 또한 편협한 계급문학에 대한 평가 일반으로 **'주먹 마치 시'**라고, 하나의 교술시이자 선전문학이고 망치문학이라고, 임화의 시 또한 다르지 않다고, 그러니까 염 씨처럼 그의 시 또한 관념 과잉의 조잡한 시이고... 망치문학의 일종이라고 볼 근거는 그 어디에도 없습니다. 오히려 카프 출신의 시인 가운데는 최정상급으로 평가되어야 할 경우[24]라는 가장 정직한 사제의 정당한 평언評言처럼, 이런 임화 시의 우수성은 가장 대표적으로 한국의 전통적인 시사詩史에서 서정적 사회시의 탁월한 계승자인 신경림 시의 문학적 자산[25]이 되었던 사실을 통해서도 알 수 있거니와, 임화의 시는 사실 지금까지도 조선 대중의 폭넓은 사랑을 받는 아름다운 민족 문학의 소중한 유산입니다. 이런 사실은 결국 염무웅 또한 평론가로서 그 자신의 눈깔로 있는 그대로의 임화의 시를 객관적이고 정직하게 본 것이 아니라 우파의 김동인과 김팔봉의 편협한 주장을 앵무새처럼 반복한 것에 불과합니다. 그것은 최소한 비평적 델리커시의 문제가 아닌 비평가적 양심의 문제입니다.

대체 염 씨를 비롯 적지 않은 한국의 내로라 하는 평자들이 임화의 프로시가 관념 과잉의 시이고 현실과 괴리된 낭만적인 한계를 지녔다고 하지만 그의 논적인 비평가 김팔봉의 눈물을 흘리게 할 정도로 그 대중적 형식으로서의 서간문 형식('우리 오빠와 화로')을 통해 서정적인 정감을 놓치지 않으면서도 민중과의

---

24) 김용직, 〈임화문학연구-이데올로기와 시의 길〉, 세계사, 1991
25) 신경림 시인은 정영진의 〈통한의 실종문인〉(문이당, 1989)의 발문 '바른 문학사의 복원과 실종문인의 복권'의 첫 문장에서 "내가 문학에 처음 눈뜰 무렵 많이 읽은 시들은 임화, 백석, 오장환, 이용악 같은 이들의 시였다."라며 임화를 맨 앞자리에 놓고 있는데, 이는 형성기 시인 신경림에게 가장 큰 영향을 미친 시인은 임화였음을 암시한다 할 것입니다.

연대를 잃지 않고 있는 것은, 가령 김남천의 회고('임화에 대하여', 1933, 조선일보)대로 1930년 평양의 고무쟁의의 집회석에서 그의 쟁의서사시 '양말 속의 편지'가 평양의 노동자들에게 수차에 걸친 재청을 받았다는 사실은, 임화의 시가 한갓 관념적 지식인의 머리에서 추상적 사유의 결과인 관념의 산물로 나온 게 아니라 어디까지나 고무적 아지프로(agitation-propaganda의 약어로 '선전선동'을 의미합니다)가 요구되는 노동현장에서 나온 실천적 투쟁의 산물이라는 점을 잘 말해주고 있[26]는 것으로, 그리하여 식민치하 조선 민중의 억압에 대한 서사적 폭발의 성격을 띠고, 동시에 위대한 현실감을 지닌 맥락으로 더욱이 미적으로 승화된 예술성을 지닌 작품으로 수많은 민중들을 감발시켰거늘, 사실 임화의 낭만성은 하나의 지양으로서의 헤겔의 낙관주의 그것처럼 주어진 것에 대한, 즉 식민지의 억압된 상황에 대한 파괴적인 것으로서의 **'부정의 정신'**에서 나온 것이 아닌가 말입니다.

**이 바다 물결은
예부터 높다.**

**그렇지만 우리 청년들은
두려움보다 용기가 앞섰다.**

---
26) 더 자세한 것은 졸저 〈청년 임화〉(2023, 사실과가치) 참조

산불이
어린 사슴들을
거친 들로 내몰은 게다.

대마도를 지나면
한 가닥 수평선 밖엔 티끌 한 점 안 보인다.
이곳에 태평양 바다 거센 물결과
남진해온 대륙의 북풍이 마주친다.

몬푸랑보다 더 높은 파도,
비와 바람과 안개와 구름과 번개와,
아세아의 하늘엔 별빛마저 흐리고,
가끔 반도엔 붉은 신호등이 내어걸린다.

아무러기로 청년들이
평안이나 행복을 구하여,
이 바다 험한 물결 위에 올랐겠는가?

첫번 항로에 담배를 배우고,
둘쨋번 항로에 연애를 배우고,
그 다음 항로에 돈맛을 익힌 것은,
하나도 우리 청년이 아니었다.

청년들은 늘
희망을 안고 건너가,
결의를 가지고 돌아왔다.
그들은 느티나무 아래 전설과,
그윽한 시골 냇가 자장가 속에,
장다리 오르듯 자라났다.

그러나 인제
낯선 물과 바람과 빗발에
흰 얼굴은 찌들고,
무거운 임무는
곧은 잔등을 농군처럼 굽혔다.
나는 이 바다 위
꽃잎처럼 흩어진
몇 사람의 가여운 이름을 안다.
어떤 사람은 건너간 채 돌아오지 않았다.
어떤 사람은 돌아오자 죽어갔다.
어떤 사람은 영영 생사도 모른다.
어떤 사람은 아픈 패배敗北에 울었다.
―그 중엔 희망과 결의와 자랑을 욕되게도 내어판
이가 있다면, 나는 그것을 지금 기억코 싶지는 않다.
오로지

바다보다도 모진
대륙의 삭풍 가운데
한결같이 사내다웁던
모든 청년들의 명예와 더불어
이 바다를 노래하고 싶다.

비록 청춘의 즐거움과 희망을
모두 다 땅속 깊이 파묻는
비통한 매장의 날일지라도,
한번 현해탄은 청년들의 눈앞에,
검은 상장喪帳을 내린 일은 없었다.
오늘도 또한 나젊은 청년들은
부지런한 아이들처럼
끊임없이 이 바다를 건너가고, 돌아오고,
내일도 또한
현해탄은 청년들의 해협이리라.

영원히 현해탄은 우리들의 해협이다.
삼등 선실 밑 깊은 속
찌든 침상에도 어머니들 눈물이 배었고,
흐린 불빛에도 아버지들 한숨이 어리었다.
어버이를 잃은 어린아이들의

아프고 쓰린 울음에
대체 어떤 죄가 있었는가?
나는 울음소리를 무찌른
외방 말을 역력히 기억하고 있다.

오오! 현해탄은, 현해탄은,
우리들의 운명과 더불어
영구히 잊을 수 없는 바다이다.

청년들아!
그대들은 조약돌보다 가볍게
현해玄海의 큰 물결을 걷어찼다.
그러나 관문해협 저쪽
이른 봄바람은
과연 반도의 북풍보다 따사로웠는가?
정다운 부산 부두 위
대륙의 물결은,
정녕 현해탄보다도 얕았는가?

오오! 어느 날
먼 먼 앞의 어느 날,
우리들의 괴로운 역사와 더불어

그대들의 불행한 생애와 숨은 이름이
커다랗게 기록될 것을 나는 안다.
一八九〇年代의
一九二〇年代의
一九三〇年代의
一九四〇年代의
一九××年代의
················

모든 것이 과거로 돌아간
폐허의 거칠고 큰 비석 위
새벽 별이 그대들의 이름을 비출 때,
현해탄의 물결은
우리들이 어려서
고기떼를 쫓던 실내(川)처럼
그대들의 일생을
아름다운 전설 가운데 속삭이리라.

그러나 우리는 아직도
이 바다 높은 물결 위에 있다.

-임화, '현해탄玄海灘' 전문

나는 이 거작을 어티케 설명해 내야 할지 참으로 막막한 지면을 대하고 있는 가운데 문화적, 미적 저항으로서의 시의 역할을 떠올려보는 것이지만, 그것은 그 간접적인 성격을 지닌 문학이 정신의 여유를 가져다줌으로써 자아를 보다 강화시켜 준다는 데 의의가 있다 할 것입니다. 그것은 그러나 시어의 기능과 관련된 것으로 시어는 또 하나의 정립의 언어로 일상의 언어와 싸움을 함으로써 즉 시어는 일상의 언어에서 시의 언어로, 일 대 일의 지시의 언어에서 일대 다多의 상징의 언어가 됨으로써 일상적 차원에서 미적 차원aesthetic dimention으로 넘어갑니다. 일상적 차원은 시장의 영역이지만 미적 차원은 예술의 영역입니다. 그래 미적이고 예술적 차원의 상징의 언어가 일상적 언어보다 다의적이고 풍요로운 가운데 이상한 힘을 지닌 이유입니다. 이것은 임화에게도 다르지 않습니다. 임화를 구원한 '현해탄'은 헤밍웨이(《노인과 바다》)의 '바다'처럼 하나의 상징이기 때문입니다. 무론 식민지 조선 청년에게 바다는 단순치 않았습니다. 우선 젊은 그에게 청운의 꿈을 찾아 바다를 건넌다는 것은 '가슴의 로맨티시즘이 물결치'는 바의 것으로,

예술, 학문 움직일 수 없는 진리……
그의 꿈꾸는 사상이 높다랗게 굽이치는 동경,
모든 것을 배워 모든 것을 익혀,
다시 이 바다 물결 위에 올랐을 때,

나는 슬픈 고향의 한 밤,
해보다도 밝게 타는 별이 되리라.
청년의 가슴은 바다보다 더 설래었다.
 -'해협의 로맨티시즘'

라고 볼 수 있습니다. 그러나 설레이는 동경의 바다의 다른 한켠으로 그의 무의식의 가슴 밑바닥에는,

-정령 이곳에 고향으로 가지고 갈 보배가 있는가?
-나는 학생으로부터 무엇이 되어 돌아갈 것인가?

 -'해상에서'

에 대한 심리적 불안과 지속적 회의(??)의 또 다른 그림자가 어리어 있는 것입니다. 이렇게 희망의 물결과 어둠의 파도가 높이 넘실거리는 현해탄, 그리하여 김윤식(《임화 연구》)의 말대로, 현해탄은 하나의 콤플렉스가 아닐 수 없습니다. 다시말해 현해탄은 우리가 넘어서야 할 몬푸랑보다 높고 험한 바다이기에, 그러니까 그곳은 바로 우리가 건너야 할 근대의 바다이기에, 다시말해서 현해탄은 우리가 배워야 하는 선진 문명으로서의 바다이지만 동시에 극복해야 하는 바다이기에, 즉 이식문화론을 지닌 조선의 사상가 임화에게 있어서 현해탄의 이미지는 하나의 양가

감정으로서의 복잡하고 모순된 강박관념으로서의 현해탄이기에 현해탄은 콤플렉스가 될 수밖에 없는 것입니다. 그러니 현해탄은 자신의 욕망과 감정을 옥죄어오는, 그러니까 원론적으로 보아서도 자아의 요구가 외부의 조건에 의하여 저지되는 것으로서의 '억압'의 감정 그것이기도 한 무엇입니다.

그러나 그것은 조선의 청년 시인 임화에게 콤플렉스를, 억압을 넘어 하나의 거대한 상징이 되었기에 우리는 현해탄을 다시 보게 되는 것입니다. 대체 상징은 무엇인지, 왜 상징이 중요한지, 상징의 언어는 단순히 묘사하거나 표현하는 언어만이 아니라 해석적 의지를 동반한 의미하는 언어입니다. 그러니까 묘사의 언어로서의 일상어가 외부에 존재하는 어떤 것을 위해 언어를 일 대 일 로 바꾸어버리는 대치에 불과하다면 이 의미하는 언어로서의 상징은 언어가 가진 구체성, 물질성이 완전히 보존되고 동시에 그 의의도 높은 차원으로 올라[27]갑니다. 즉 상징은 일상적 차원이 아니라 승화된 미적 차원이라는데 상징의 의의가 있습니다. 그리하여, 현해탄은 물리적 공간이 아니라 하나의 상징적 공간이 되는 것입니다.

아모도 그에게 水深을 일러 준 일이 없기에
힌 나비는 도모지 바다가 무섭지 않다.

---
27) 미하일 바흐친, 〈문예학의 형식적 방법〉, 문예출판사, 1992

靑무우밭인가 해서 나려 갔다가는
어린 날개가 물결에 저려서
公主처럼 지쳐서 돌아온다.

三月달 바다가 꽃이 피지 않아서 서거픈
나비 허리에 새파란 초생달이 시리다.

—김기림, '바다와 나비' 〈김기림 전집1〉, 심설당

이것은 수심水深이 깊은 현해탄을 넘은 조선 청년의 하나를 기린 추도시의 일종으로 상징적으로 매우 뛰어난 시입니다. 왜냐하면 화자는 하나의 묘사적이고 회화적 이미지를 잘 구사하면서도 새로운 이미지를 끊임없이 환기시키는 복수적複數的 이미지로서의 상징을 통해 '바다'와 '나비'가 지닌 그 본원적이고 다의적인 의미를 미적으로 매우 아름답게 처리해내고 있기 때문입니다. 즉 여기서 바다가 거대한 대상이라면, 나비는 나약한 존재입니다. 그리하여 수심이 깊은 바다는 동경으로서의 선망의 대상인 바다이기보다는 근대 문명의 험준함을 암시하는 것입니다. 그래 아무것도 모른 채 깊이 모를 바다를 靑무우밭인가 착각한 무지는 무엇이고, 그러니 어린 날개가 물결에 저렸다는 것은 또 무엇이며, 그런 나비 허리에 새파란 초생달이 시리다는 것은 또한 무엇인지... 아무것도 모르고 바다를 건넌 어린 힌 나비는 곧 죽음을 환기시키는 것이 아니고 무엇인지… 이것은 곧 동경에서 끝내 돌아오지 모한 친구 이상('그')의 죽음을 연상시키고도 남음이 있는 것이니, 우리는 여기서 당대의 미학자이자 모더니스트로 일상의 묘사적 차원에서 미적 차원으로 인도된 시인 김기림의 시적 실험으로서의 상징적 이마주를 대하고 있는 것입니다. 이것은, 그러나 거대한 운명과도 같은 근대의 높은 파고에 희생이 된, 죽음의 한 차원으로서의 개인적 모더니스트의 한계 그것입니다.

그러나 서정적 서사시인 임화는 달랐습니다. 즉 알짜로 서정시인이 김소월의 '개여울' 처럼 졸졸졸 흐르는 실개천의 이미지에 사로잡힌 즉자적 시인이라면, 서사시인은 그 이미지를 대상화할 줄 아는 대자적 언덕에 선 시인으로, 바로 이점이 물과 기름처럼 고보의 천재들, 또는 거개의 서정시인들과 다른 조선 카프 시인의 드높은 위상이라 할 것입니다.

오오! 현해탄은, 현해탄은,
우리들의 운명과 더불어
영구히 잊을 수 없는 바다이다.

무엇보다 우선 볼 수 있는 것은 바로 여기에 임화의 그 본원적 감정의 덩어리로서의 무의식이 꿈틀거리고 있다는 점입니다. 그러니까 현해탄은 단순한 시적 소재가, 모티프가 아닙니다. 현해탄이 현해탄이 된 것은 임화가 바로 여기에 하나의 상징으로서의 시의 심지를 박아넣었다는 것이요, 그러나 그것이 단순한 시적 상징을 넘어 우리들의 운명과 더불어 영구히 잊을 수 없는 신념credo의 바다로서의 근원적인 무의식의 기둥이 되었기 때문에 현해탄은 비로소 현해탄이 되는 것입니다. 즉 시집 〈현해탄〉의 표제시 '현해탄'은 임화의 의식, 무의식을 대변하는 상징적 표지라 할 것으로, '현해탄'은 임화의 어떠함을 잘 표현한 조선시의 일대 작품이라 할 것입니다.

자, 그렇다면 임화가 박아넣은 무의식으로서의 상징적 기둥은 무엇일까요?

아무러기로 청년들이
평안이나 행복을 구하여,
이 바다 험한 물결 위에 올랐겠는가?
첫번 항로에 담배를 배우고,
둘쨋번 항로에 연애를 배우고,
그 다음 항로에 돈맛을 익힌 것은,
하나도 우리 청년이 아니었다.

그렇습니다. 임화가 박아넣은 하나의 신념으로서의 상징적인 무의식의 기둥은 바로 '조선'입니다. 그는 결코 개인이되 개인이 아니요, 조선 민중의 하나입니다. 그리하여 그가 현해탄을 건넌 것은 개인적인 목적, 또는 평안이나 행복을 구하려는 속배의 그것이 아니었습니다. 조선의 로맨티스트 시인, 임화! 그 또한 한 인간으로서 그의 가슴은 새로운 것에 대한 동경으로 설레었을 뿐만 아니라 해보다 밝게 타는 별이 되고자 하는 열망에 들떴습니다. 그러나 근본에 흐르고 있는 그의 심리의 무의식인 저층에는 조선 민중에 대한 사랑이 깃들어 있습니다.

삼등 선실 밑 깊은 속
찌든 침상에도 어머니들 눈물이 배었고,
흐린 불빛에도 아버지들 한숨이 어리었다.
어버이를 잃은 어린아이들의
아프고 쓰린 울음에
대체 어떤 죄가 있었는가?
나는 울음소리를 무찌른
외방 말을 역력히 기억하고 있다.

이런 사실은 "그러면 문학은 누구의 것인가? 일언으로 말하면 시대와 사회, 계급의 공적 재산이다."('문예이론으로서의 신휴머니즘론에 대하여', 1937.4. 풍림)라는 인식에 따른 것으로, 이것은 그를 사숙한 김수영의 '문학은 사회의 공기와 꿈'이라는 민중적 문학관과 다르지 않은 것입니다. 이렇게 그의 시적 모럴의 중심에는 늘 민중이라는 사회적 연대로서의 조선의 하늘이 있었다는 사실이 중요합니다. 그러나 더욱 중요한 것은 욕되게 살지 말자는 빛나는 명예욕이었습니다. **"-그 중엔 희망과 결의와 자랑을 욕되게도 내어판 이가 있다면, 나는 그것을 지금 기억코 싶지는 않다."** 이것은 과연 개인적인 모럴이 아니라는데 더욱 의미가 있습니다. 즉 그는 선구자로서의 파이오닐 의식을 지닌 자로, 현해탄이 더욱 빛을 발하고 있는 것은 바로 여기에 임화의 의식이 자신을 대자화하는 데서 하나의 시적 진전 운동으로서의 높은 차원이 지닌 조선적인 이야기의 본령을 보여주기 때문입니다.

....

모든 것이 과거로 돌아간
폐허의 거칠고 큰 비석 위
새벽 별이 그대들의 이름을 비출 때,
현해탄의 물결은
우리들이 어려서
고기떼를 쫓던 실내(川)처럼
그대들의 일생을
아름다운 전설 가운데 속삭이리라.

<u>그러나 우리는 아직도</u>

이 바다 높은 물결 위에 있다.(밑줄-글쓴이)

그러나 가장 중요한 것은 과연 역사적 의미를 지닌 헤겔적 의미에서의 '부정의 정신' 그것입니다. 여기 임화의 시에서 '그러나' 처럼 사고 관계를 나타내는 언어의 빈번한 사용은 시에서 분명 금기taboo 중의 하나입니다. 왜냐하면 애매함과 불분명함, 경계지우기의 성격을 지닌 시적 언어의, 메타포의 세계에서 작품은 오히려 풍요한 미의 교향악을 선사하기 때문입니다. 이런 세계에서 접속 부사는 산문처럼 의식을 각성시키고 사고를 명료화하는데 기여하기 때문에 오랫동안 억제되어왔던 것입니다. 시는 산문이 아닙니다. 그러니 임화 시의 산문화 경향, 이것은 분명 관념 과잉이라 평가할 그 무엇입니다. 그러니까 염 씨의 지적은 송곳처럼 매우 정확한 것입니다.

그러나 일제시기, 카프 시인 임화에게 있어서 식민 치하에 신음하고 있는 조선의 궁핍한 현실을 직시하고 이런 현실을 지양, 극복하기 위해서는 있는 그대로의 현실에 대한 묘사적, 모방적 서술로는 부족했습니다. 그러니까 임화의 서정적 서사시는 지금의 온전한 정상국가의 안정된 차원에서 한가하게 요구되고 있는 규범적 평언評言으로서의 관념 과잉이 지닌 문제라기보다는 이것은 어디까지나 민족과 계급의 해방이 우선시되던 당시의 부정적 현실과 주관적 인식을 올바르게 대변해야 했던 시대의 요구를 리얼하게 반영했다고 보아야 할 것입니다. 그러니 이런 부정적 현실을 끊임없이 부정하고 지양하기 위해서 시적 변증법으로서의 접속부사(그러나, 그렇지만)의 빈번한 사용과 감탄사(오오!)의 과잉은 오히려 임화적인 전망으로서의 식민 현실을 초극하고자 하는 서사적 환기이자 시대 현실에 대한 감정 격발로서의 무의식의 표출 그것이었다 할 것입니다.

> 무의식; 식민 치하의 조선 민중
>
> 의식; 욕되게 살고 싶지 않겠다는 다짐
>
> 초자아; 아름다운 전설이 된 자신

여기, 식민 치하에서 욕되게 살지 않고 명예롭게 살고자 하는, 그리하여 그 언제 역사의 빗돌이 기억하는 임화로서의 아름다운 전설이 되고자 하는 그에게 자신을 시적 상징의 차원으로 고양시켜준 것은 바로 '몬프랑(몽블랑-인용자)'으로 상징되고 있는 프랑스 근대 혁명의 영웅 나폴레옹입니다. 그리하여 여기, '현해탄'에서, 임화의 무의식과 의식, 초자아를 통으로 가로지르는 모든 의식의 중심에 있는 '몬푸랑'은 하나의 압축 상징입니다.

요약하자면 대자적 화자는 자신이 마주하고 있는 부정적 현실을 끊임없이 환기시키기 위해서, 또한 그러한 자신을 현재의 차원에서 높은 역사의 상징적 차원으로 고양하기 위해 부정접속부사가 필요하였고, 또한 그에게는 시적 진전 운동의 하나로서의 노예의 차원이 아닌 주인의 차원으로의 비약이 요청되었기에 논리적 언어의 빈번한 사용이 요청되었습니다. 다시말해 '현해탄'이 임화의 최고작의 하나가 될 수 있었던 것은 바로 이 높은 차원의 미적 승리로서의 역사적인 투쟁의 문법을 갈아 넣었기 때문이라 할 것입니다. 즉 임화의 대표시 '현해탄'은 내용과 형식이 하나의 긴밀한 조화를 이루고 있는 가운데, 즉 부정적 현실을 현실대로 일깨우는 가운데 형식적으로도 높은 수준의 성취를 이룬 것으로, 이는 '미적 금도'의 하나라 할 것입니다. 그것은 과연 그의 말('위대한 낭만적 정신')대로 모방에는 죽은 자연이 있을 뿐이라며 아리스토텔레스의 모방 코스프레를 질타하는 그의 비평적 인식과 크게 다르지 않은 것으로, 그 또한 하나의 괴물엘리트로서 무기력하고 애상적이라니 코에 닿지도 않은 망언을 늘어놓는 저의가 무엇이며, 관념 과잉의 미숙한 조제품은 또 무슨 염소 풀 뜯어 먹는 개소리인가 말입니다. 임화의 낭만이 찾고자 했던 것은 서구적 의미에서의 자신의 자아[28] 가 아니라 바로 조선적 의미에 있어서의 사회적 자아였던 것이고, 과거로 돌아가자는 의미로서의 죽은 낭만이 아닌 앞으로 나아가자는 진보적인 낭만 그것으로, 그것은 무엇보다 일제에 대한 파

---

28) 게오르그 루카치, 〈영혼과 형식〉, 심설당, 1988. '낭만주의의 삶의 철학에 대하여', "낭만주의자들은 비록 이런저런 길을 가고 있는 것처럼 보임에도 불구하고 그들이 찾고자 했던 것은 한결같이 그들 자신의 자아였다."

괴적인 것이고, 또한 지배계급에 대한 그것이기 때문에 낭만의 의미가 적지 않은 것입니다.

그러나 이 낭만주의는 명확히 사회적 진화의 노선 상에서 귀족, 자산가의 문화로부터 공업, 자본가의 문화로의 추이기推移期인 사회적 전환기에 조응하는 것이었다. 그러므로 19세기 후반의 귀족적 낭만주의가 신흥하는 사실주의에 대하여 반항을 시試한 것에 대하여, 이 시대의 낭만주의는 역사주의적인 다시말하면 진보적 낭만주의라 볼 수 있다.

-임화, '낭만적 정신의 현실적 구조', 〈문학의 논리〉, 소명출판

그러나 민중을 배반한 저 프랑스의 부르주아들 맹키로 우리의 부르주아 비평가들 또한 민중에 대한 '본능적인' 적대 심리랄까... 그들은 대체 무슨 억하심정이 그리도 깊이 쌓였기에 조선 민중들이 열광한 시일뿐 아니라 세계저항시에도 손색이 없는 이 아름답고 풍요한 작품에 이리도 인색하단 말인지...

나는 다시 묻지 않을 수 없습니다.

4, 카프의 작품들은 과연 일본 좌파 문학을 어설프게 답습한 것이었나

나는 이미 해방공간의 명평론가 김동석론을 통해 그가 임화 시에 가한 '가혹한' 비판이 과연 온당했는가를 엄하게 따져 물은 바 있[29]습니다. 또한 그 전에는 한국 비평계의 고질적인 패거리 비평의 문제를 고발한 바도 있[30]거니와, 이번에는 한국의 지배적인 평단의 지형에서 임화의 시적 성취에 대한 '악의적인vicious' 비판이 수그러들지 않고 계속해서 재생산되고 있는 현상이 어떤 이데올로기적 의미를 지니는지 기호 철학의 관점에서 좀 더 '근본적인radical' 접근을 시도해 보고자 합니다. 여기서 말하는 이데올로기는 현실적인 상황, 그 중에서도 계급적 지배관계를 은폐할 뿐 아니라 동시에 그것을 정당화 또는 미화(악마화)시키는 것을 특징으로 합니다.

현대철학의 총아로 기호 철학은 하나의 코드로서의 언어를 문제 삼는 철학입니다. 속담에 '아 해 다르고 어 해 다르다'는 말처럼 사실 언어야말로 우리들의 의식을 형성하고 행동을 결정

---
29) 졸저, 〈청년 임화〉(사실과가치, 2023)
30) 졸저, 〈철학자 김수영〉(사실과가치, 2022)

하는 데 있어 최초의 날카로운 단서가 될 수 있습니다. 가령 보르헤스의 영향을 받은 움베르토 에코의 명작 〈장미의 이름〉에서 작가는 '장미'라는 언어에 그 수수께끼 같은 기호의 옷을 입혀 놓은 것인데, 그리하여 이것을 부호화하고encode 해독하는 decode 작업에 대한 이해가 독서과정인 것처럼, 꼭 그처럼 하나의 코드로서의 상징화된 언어를 다루고자 할 때에 있어서, 코드화encoding와 탈코드화decoding는 언어의 비밀을 푸는 중요한 열쇠라 할 것입니다. 바로 여기에 언어를 통한 의미화 signifying의 과정이 놓여 있기 때문입니다. 이런 사실은 있는 그대로의 순수한 나타남으로서의 언어 현상학에 대한 대자적 시선을 요구합니다. 왜냐하면 진공이 없듯이 순수한 언어는 없기 때문입니다. 기호는 항상 그 누군가를 위한 기호[31]입니다. 또한 하나의 기호는 그 무엇의 기호입니다. 여기 이 '그 무엇은' 말하자면 기호 그 자체의 바깥에 있[32]는 것입니다.

이런 언어가 철학의 중심으로 떠오르기 시작한 것은 매우 자연스러운 것이어서, 왜냐하면 언어가 실행되는 담론의 공간은 사실 마르크스가 아니라도 이데올로기적인 투쟁의 공간이기 때문입니다. 가장 비근한 사례로 '의식주'와 '지덕체'만 보더라도 이것

---

31) 허창운 편저, 〈현대문예학의 이해〉, 창작과비평사.
32) 줄이아 크리스네바는 〈시적 언어의 혁명〉(동문선)에서 덴마크의 언어학자 옐름스레우의 말을 인용하면서 말하고 있습니다. 이는 언어기호가 2차적이라는 것을 가리키며, 상징화된 정립기호임을 암시하는 것입니다. 물론 1차적인 '그 무엇은'은 사회적 존재로서의 인간의 실상입니다.

은 그 바르트적 의미의 일상어 parole가 아닌가 말입니다. 아니 이것은 또한 그 푸코적 의미에서 언어의 배치는 곧 권력이라는 말을 상기시키고 있거니와, 우리는 무심코 이를 사용하고 있지만-좀 삐딱하게 이데올로기적 눈깔을 뜨고 보면 이는 사실-섬유산업혁명을 일으켜 물적 권력을 장악한 서구 유럽의 근대 부르주아 세력이 언어지식까지 장악, '의衣'와 '지知'를 맨 앞자리에 배치한 것은 푸코의 말(〈담론의 질서〉, 이정우)대로 어떤 사회에서든 담론의 생산을 통제히고, 선별하고, 조직화하고 나아가 재분배하는 일련의 과정들이 존재하고, 이를 지속적으로 재생산, 유통, 영구화하려는 지식 권력의 기도를 엿볼 수 있습니다. 뭐이도 저도 아닌 노트럴한, 중립적인 언어는 없는 것입니다. 그러나 사실이야 바른 말이지 먹는 문제보다 중요한 것이 어디 있고, 솔직하게 말해서 건강보다 더 중요한 게 어디 있느냐 이겁니다. 근대는 이렇게 '자의적인' 전횡으로 언어를 통한 그들만의 질서를 확립하고, 이를 통해 수용과 배제의 질서를 낳은 타자의, 분류의, 가짜 fakes의 세계질서(에코의 〈기호학 이론〉, 바르트의 〈신화론〉, 푸코의 〈말과 사물〉)라는 코드 code의 문제라는 사실을 현대의 기호 철학은 잘 보여주고 있습니다.

언어가 특정한 하나의 이데올로기로서의 코드의 문제라는 기호 철학적 관점은 우리가 시를 감상하고자 할 때도 적용 가능한 매우 유용한 문화이론입니다. 앞에서도 보았다시피, 임화의 시에서 '종로'와 '네거리', '순이' 등은 그 무엇을 대변한다는 의미에서의 하나의 상징적 이미지로서 특별한 의미를 지닙니다. 왜냐하면 상징화는 하나의 정립적 기능을 지닌 것으로, 이것은 임화 프로시의 라이트모티프로 자주 반복되어 나타나는 경향을 지니는데, 그만큼 화자는 이 언어에 마음이 가 있기 때문입니다. 그러니 언어는 하나의 선택이자 가치이자 태도이며, 그것은 하나의 세계관으로서의 신중한 철학의 문제인 것입니다. 그리하여 다시 생각해 보건대, 미적 저항의 대전제로 민중('혁토')을 늘 염두에 두고 있는 임화의 시에서 강박에 가까운 반복으로서의 '종로'와 '네거리'와 '순이'는 단순히 개인적인 차원의 문제가 아니라 그 사회적인 의미화 차원에서의 '조선적인 것'을 지키고자 하는 시인의 의도를 나타낸 것이고, 그러니까 이것은 기호학적으로 하나의 인코딩의 문제로, 이것은 또한 하나의 디코딩의 관점에서 볼 때에 있어서 조선의 '정체성'이 흔들리던 암울한 시기의 고투 어린 그의 삶과 긴밀히 연관되는 문제로 그것은 기어코 강도 일제라는 '도적놈'과 관련된 것이기에 하나의 프로시이자 저항시로서의 그의 시가 더욱 주목되었던 것입니다. 다음 시도 마찬가집니다.

……
낯선 건물들이 보신각을 저 위에서 굽어본다.
옛날의 점잔은 간판들은 다 어디로 갔는지?
그다지도 몹시 바람은 거리를 씻어갔는가?

붉고 푸른 '네온'이 지렁이처럼,
지붕 위 벽돌담에 기고 있구나.

오오, 그리운 내 고향의 거리여! 여기는 종로 네거리,
나는 왔다. 멀리 낙산駱山 밑 오막사리를 나와 오직
네가 보고 싶은 마음에……
넓은 길이여, 단정한 집들이여!
높은 하늘 그 밑을 오고가는 허구한 내 행인들이여!
다 잘 있었는가?

-임화, '다시 네거리에서', 〈조선중앙일보〉, 1935.7.27.

여기, 기호학적인 시각으로 볼 때에 있어서 종로 네거리 한복판에, 아니 수도 서울의 중심에 자리하고 있는 '보신각'은, 그러나 낯선 건물들에 의해 위협받고 있는 보신각은 우리가 지켜야 할 그 무엇을 상징하는 이미지입니다. 또한 "내 행인들이여! 다 잘 있었는가?" 하고 호명하며 조선의 민중들을 불러내고, 그들의 안부를 묻는 것도 결코 우연이 아닙니다. 이것은 확실히 시인의 선택적 의지라는 코드에 의해 의미화signifying된 것이고, 새롭게 정립된 것입니다. 하나의 선택으로 코드화는 곧 의미화입니다. 그러니 화자는 보신각 주변의 우리의 옛 점잖은 간판들은 어디로 갔는지 회한이 이는 것이어서, 그것은 바로 거리를 휘

감은 몹시도 거센 '바람' 때문입니다. 그러니 여기 '바람' 또한 화자에 의해 코드화된 것으로, 그것은 무론 보신각과 대비되는 것으로서의 외세의 바람입니다. 이런 거리에 내가, 화자가, 내 고향 종로 네거리를 그리워하고 사랑하고 너를 보고 싶어하는 내가 '다시' 섰습니다. 여기, '다시'는 시기적으로 카프의 강제 해산(1935.5)과 지방(마산)에서 병고를 치르고 난 후에 거듭 재기하고 말것다는 내면의 다짐을 암시하는 것으로, 개인적이면서도 역사적인 의미sign를 지닌 것입니다. 그는 결코 종로 네거리를, 너를, 순이를, 아직도 넓은 길과 단정한 집을 유지하고 있는 조선적인 것들을, 높은 하늘이라는 민족의 기상을 지닌 그곳을, 무엇보다 그런 기상을 지니고 살아가고 있는 무수한 내 행인들, 조선의 민중들을, 소수자들을 결코 놓을 수 없음을 다짐하고 있는 것이니...

이것은 하나부터 열까지 임화의 격정적 시세계를 곁눈질할 수 있는 참으로 놀라운 기호학 텍스트가 아닌가 말입니다. 무엇보다 이것은 바로 저 어두운 동굴 같던 암울한 시기 '조선적' 현실이 낳았다는 점에서 우리의 가슴을 치는 것입니다. 그래 여기, 조선의 기호학으로 넘치고 있는 임화의 애틋한 시들은 분명 조선적 환경이 낳은 '조선적 리얼리즘'으로 그의 시적 성취가 지금도 우리의 가슴을 때리고 쿵쾅거리게 하는 궁극적인 이유라 할 것입니다.

그리하여 또 말해 보건대, 그들(카프의 작가들)이 내놓은 문학적 결과가 관념 과잉의 미숙한 조제품에 그치는 수가 많았고, 특히 일본좌파문학을 제대로 베끼지도 못했다는 염무웅의 발언은 분명 자기 모멸적입니다. '모멸侮蔑'은 업신여기고 깔보는 태도입니다. 그러나 이것은 당장 프로문학의 일본추수주의를 벗어났다는 예외적 존재로 평가[33]되는 이기영의 소설적 성과를 비롯 임화의 프로시들이 이룬 조선적 리얼리즘의 개가를 깡그리 부정하는 것이니만큼 글쓴이의 에스니ethnies한 감정으로서의 민족적 분노를 자아내기에 충분합니다. 그러나 이것은 어디까지나 에스니한 민족 감정의 문제가 아니고 충분한 논거a good reason를 가지고 논술해야 하는 엄격하고 치열한 비판으로서의 명료한 해명을 통한 정당화justification의 세계이니만치 좀 객관적인 거리를 갖고 이야기해 보겠습니다.

임화의 프로시 중에는 자신의 대표시라고 선정한 '네거리의 순이'를 비롯, 팔봉의 눈물을 흘리게 한 단편서사시 '우리 오빠와 화로' 뿐 아니라 또한 카프시인으로서의 단계 중에서 대표적인 작품[34]이라는 평가를 받은 **'우산 받은 요꼬하마의 부두'(1929. 9. 〈조선지광〉)**가 있습니다. 여기, 글쓴이가 또한 이 작품을 주의깊게closely 다루어 보고자 하는 이유는 이 작품이 당시 일본

---

33) 김성수, '이기영 초기 문학의 근대성과 리얼리즘', 〈서화(외)〉, 범우, 2006.
34) 김윤식, 〈한국근대문예비평사연구〉 중 '임화연구', 일지사, 2002.

의 걸출한 평론가이자 프로시인으로 이름을 얻은 나카노 시게하루의 시를 모방한 작품으로, 아니 임화의 이 시가 그의 시에 대한 답시의 형식으로 쓰여진 것이라 하니, 이 작품을 통해 염 씨의 말대로 임화의 프로시가 과연 일본좌파문학을 어설프게 답습하지도 모한 허술한 작품인지 확인해 볼 수 있기 때문입니다.

여기, **'일본좌파문학 답습'**이라는 언표는 일본의 문학과 조선의 문학 간의 교섭적 관계를 전제로 한 표현이니만큼 이에 대한 사전 지식이 필요한 것을 봅니다. 그러니까 우리가 문화적으로 서구의 선진문화와 문물을 적극적이고 주체적으로 받아들인 일본을 또한 배울 수밖에 없던 사정이야 뭐 객관적 사실의 문제라고 볼 수 있습니다. 중요한 것은 과연 객관적인 사실의 문제입니다. 그렇다면 무엇이 사실인지… 시인 김수영의 말[35]도 있지만, 그러니까 우리가 하나의 중화적 필터로 일본을 통해 서구문화를 이식한 것은 뭐 객관적인 사실입니다. 구체적으로 말해서, 민족문학논쟁사에서 중요한 일부를 차지하고 있는 팔봉 김기진과 임화의 **'예술대중화논쟁'** 만 해도 그렇습니다. 이것도 분명 일본문화의 영향과 떼어놓을 수 없는 것은 틀림없는 사실입니다. 그러니까 당시 소련의 예술운동에 있어서의 프롤레타리아문학의 영향을 받은 일본좌파문학에서 구라하라 고레히토와 나카노 시게하

---

35) 김수영, '히프레스 문학론', 〈김수영 전집2: 산문〉, 민음사, 2020.

루 사이에 예술대중화논쟁이 벌어진 것[36]은 1927년입니다. 이의 영향으로 조선에서 예술대중화논쟁이 일기 시작한 것은 이듬해 1928년 무렵이니 말입니다.

이왕지사 예술대중화논쟁이 나왔으니 이의 전말顚末을 좀 보겟습니다. 그러니까 1920년 이후 식민자본주의 치하에 놓인 조선민중의 참상을 고발하기 시작하는 김기진, 박영희, 최서해, 조명희, 한설야, 이기영 등 일군의 시인, 소설가, 비평가들을 중심으로 한 새로운 경향문학이 자생적으로 등장하기 시작합니다. 그러나 얼마 안 가서는 앞에서 보았던 것처럼 신경향파 문학의 **'살인 방화 소설과 주먹 마치 시'**(김동인)식의 거친 표현들이 문단 안팎으로 사회적 비판에 직면하면서 카프 등 진보문학계에서는 그 기술적 형식에 있어서의 문학의 대중화론이 중요한 이슈로 등장하게 됩니다. 그러니까 이것은 일본의 영향을 무시할 수 없는 것이면서도 식민지라는 조선적 환경과 모순된 현실에서 나온 조선 예술계의 대응이었습니다. 아무튼 당시 조선의 예술대중화론을 이끈 선두주자는 일본유학에서 마르크시즘의 영향을 받고 돌아온 팔봉 김기진이었습니다. 그러나 그는 말했습니다.

우리들의 문학은 사람이 보도록 알아보기 쉽게 만들어야 한다. 더구나 <u>작금 1년 이래로 극도로 재미없는 정세</u>에 있어서 우리들

---

36) 와타나베 나오키, 〈임화문학비평〉, 소명출판, 2018

의 '연장으로서의 문학'은 그 정도를 수그려야 한다…… 이것이 작년 말부터 예술운동의 각 부분을 통하여 기술 문제가 시작한 원인이다. 그리하여 이곳으로부터 형식 문제는 출발하게 되는 것이다.(밑줄-글쓴이)

-'변증적 사실주의'/양식 문제에 대한 초고, 1929. 2.25~3.9, 동아일보

여기, '연장으로서의 문학'은 물론 도구적 문학으로서의 마르크시즘 문학을 일컫습니다. 그러니까 마르크시즘 문학에서 예술은 인간해방을 위한 연장tools으로서의 내용을 중시하는 아리스토텔레스 이래의 현실주의, 곧 리얼리즘 문학입니다. 이러한 문학과 달리 문학 그 자체의 미적 자율성을 추구하는 문학은 현실과 유리된 것을 특징으로 하는 근대 부르주아의 형식주의 또는 모더니즘으로, 문학과 현실의 분리를 전제로 하며 '문학성literariness'을 중시하는 문학입니다. 정리하자면 현실주의 문학은 언어와 현실은 둘이 아니二라는 것이요, 형식주의 문학은 언어와 현실은 하나가 아니一라는 것입니다. 즉 우리는 여기서 말과 사물의 관계에 대한 오랜 화두를 대하고 있는 것이니, 그러니 이 인용부가 바로 한국문학비평사의 가장 중요한 이슈 중의 하나가 된 문제적인problematic 부분으로, 그것은 또한 임화와 관련해서만 의의가 있는 것이기도 합니다. 왜냐하면 청년 임화가 팔봉의 이 형식주의로 우클릭하게 된 문제적인

이슈에 대한 호적수로 등장, 일약 역사의 임화로 등장하는 계기가 되었는데 '앙팡 테리블enfant terrible'이라고 할까… 무서울 게 없는 약관의 청년 임화는 팔봉과의 이 역사적인 대논쟁에서 선배를 깨부수고 조선적 현실에 기초한 일련의 프로시로, 발군의 이론가로 기염을 토하고는 얼마 안 있어 카프의 맹주로 등극하게 되었던 것이니, 임화의 이론도 궁금하거니와 이 논쟁의 중요성을 대강은 짐작할 수 있습니다.

중요하게 볼 부분은 과연 팔봉의 말('예술운동에 대하여')대로, **"표현의 정도를 수그리는 것은 이상에서 설명한 바와 같이 새로운 전술을 취하기 위한 일보 퇴각이다"**라고 자신의 발언을 부연한 진술입니다. 뭐 (일제 압제의 서슬이 시퍼렇게 살아있는 시절로서의)객관적 상황이 불리하니 후퇴하자는 것입니다. 이것을 문학적으로 보자면 대중들이 알아먹기 쉽고 재미있게, 좀 달달하게 쓰자는 것 이상으로-아닌 말로 해서-저 '복녀'(《감자》)처럼 가난하면 몸도 팔 수 있다는 것이니, 이것은 뭐 그들에게 영혼을 팔것다는 팔봉의 전향 선언이나 다름없는 것입니다. 이런 그가 한번 미끄러지기 시작하더니 그 언제 적 팔봉이냐인 듯 마구 무너지게 되었던 것이니, 대체 정신과 사상의 기둥으로서의 두터운 신념과 이데올로기로서의 올곧은 이념이 얼마나 중요한 것인지 미루어 알 수 있습니다. 이런 그가 시 '백수의 탄식'에서 노동자 농민이 되지 모한 인텔리켄차 청년 지식인의, 그들과는 한

패가 될 수 없는 어찌할 수 없는 창백한 부르주아의 탄식과 회한을 넘어 기어코 저들과 한패가 되어서는,

아버지! 어머니!
나도 가겠어요 특별 지원병으로-
……
대대로 받아내려온 제 몸의 이 더운 피
이 피는 조선의 피이며 일본의 피요
다 같은 OOO의 피가 아니오니까
OO년 동양의 역사가 가르칩니다

-팔봉의 친일시, '나도 가겠습니다' 중에서

하고 그들과 한가지로 붙어먹은 부일배가 된 것이 어찌 우연인지, 그것은 결코 우연일 수 없는 일입니다. 그러니까 팔봉을 변절하게 만든 것은 **"작금 1년 이래로 극도로 재미없는 정세로"**, 그것은 뭐 좋았던 대정大正 데모크러시가 끝나고 먹구름처럼 대공황the Great Depression-당시(1929) 미국을 비롯 전세계적으로 불어닥친 경제 대공황은 어떤 것인지 그것은 다음 말에 웅변적으로 잘 나타나 있습니다. "기왕의 공황이 어째서 생겼는지 아나, 즉 수요 공급의 관계를 생각지 않고 무제한으로 만들어만 냈기 때문이네. 물건은 많으나 살 능력이 적으니까 물건이 팔리지 않거든…… 하니

까 자연 싸게 팔 수밖에…… 그래서 회사들이 대부분 결단난 걸세" 라는 Y방직회사 사장의 조리있는 말(한설야, 〈황혼〉)대로 공황은 자본주의 체제의 과잉생산에 따른 사회문제임을 알 수 있습니다- 이 몰려들면서 조선 노동자와 농민에 대한 탄압이 거세지고 만주사변으로, 뭐 파시즘의 광기로 내달리던 시기를 암시하는 것으로, 팔봉은 무론 적지 않은 조선의 허약한 지식인들을 혼란에 빠뜨린 것은 과연 저 어두운 시대 궁핍한 시기의 하늘이었습니다.

그러나 조선의 파이오닐 청년 임화는 달랐습니다. 무엇보다 그에게는 확고부동한 이념과 투철한 철학적 기반이 있었기 때문입니다.

결코 팔봉 동지가 말한 바 재미없는 정세 즉 탄×(압)이란 예술운동에 있어 형식 문제를 문제삼는 데서 해결되는 것은 아니다. 오직 그것은 ××(계급)적 원칙에 의한 실천적인 세력과의 싸움에서만 해결할 수 있는 문제인 것이다……그러므로 동지 팔봉의 일언은 '……'의 원칙의 왜곡이란 결정적 치명적 오류를 범한 것이다. 우리는 이러한 국면에서 이러한 자기 진영 내의 우경적 경향과 사력을 다해 싸워야 할 것이다.(밑줄-글쓴이)

-임화의 '탁류에 항하여'(1929.8.), 소명출판

이미 한차례 박영희와의 '내용-형식 논쟁'에서 밀려난 바 있는 조선의 반동적인 형식주의자 김팔봉은 이렇게 다시 한번 청년 임화 정론의 쇠망치를 맞고 역사의 무대에서 사라진 것입니다. 그러니까 친일문학의 선봉이 되고 만 팔봉은 계급해방의 대원칙을 벗어나서는 일종의 개량주의에서 자유주의로, 또 거기서 예술주의로 아주 개종을 하고, 기어코는 권력의 사타구니를 빠는 기생충이 되고 그들의 충견이 되고 만 것입니다. 이와는 반대로 임화는 하나의 시적 검투사로서 진영 내 사상 투쟁에서 결정적으로 헤게모니를 거머쥐게 되었을 뿐만 아니라 '네거리의 순이' 등 벼락같은 일련의 저항적 프로시들을 낳음으로써 조선 리얼리즘 시의 한 폭의 진경을 이루었습니다. 그것은 무엇보다도 굳건한 원칙을 사상투쟁과 행동의 본으로 삼았을 뿐 아니라 미학적으로도 남다른 성취를 보였기 때문입니다. 대체 카프의 '예술대중화논쟁' 관련 팔봉과 임화의 진실은 이런 것입니다.

그러나 이것은 좀 시간의 시차가 있는 것이지만 이렇게 동료와 민족을 배반한 기회주의자인 팔봉 김기진을 기리것다고 친일문인기념문학상—정확하게는 '팔봉비평문학상'—을 제정하고, 김현(1회)과 김윤식(2회)에 이어 염무웅(7회)이, 이름만 대면 다 아는 한국 문단과 평단을 망라한 지식계의 명망 있는 인사들이 저 친일문학의 거봉인 팔봉의 신전에 향불을 피우고 바라춤을 추고 종복이 되기를 마다하지 않았으니, 이것이 어찌 우연한 일인지... 이 중에 임화 저격수로 자임하고, 친일문학기념문학상의 이념적 변호역할을 해온 김현, 김윤식(〈한국문학사〉)[37]이야 그렇다지만 그동안 진보 저널의 존경받는 사회적 인사로, 그러나 문단 권력의 핵심으로 인식돼온 염무웅의 다음 발언은 우리를 충격에 빠뜨리기에 부족함이 없습니다.

사막을 건너는 낙타처럼 물을 만나면 물을 마셔 간직하고 햇볕을 만나면 또 더위를 견디며 묵묵히 발걸음을 옮겨야 했던 간난의 시대에 팔봉은 결국은 실패의 인생을 보여주었다… 그러나 <u>어느 쪽이든 그의 삶과 문학은 진지한 성찰과 극복의 대상일지언정 단순한 비난과 부정의 대상은 아니다.</u>(밑줄-글쓴이)

-염무웅, '사막을 건너는 낙타처럼', 〈한국문학〉, 1996년 겨울호

여기, 비평의 염도를 지켜야 할 한국의 상징적인 문학 권력의 인사가 위 글에서 또한 별다른 고민없이 서너번 '팔봉비평문학상' 심사를 맡았다는 자기 고백도 그렇지만, 보다 더 적극적으로, 아니 상 앞에서는 모두 다 좋다는 식으로 그의(실패한 인생의

---

37) 김현은 제1회 팔봉 비평문학상 수상 소감문(1990. 5. 27. 〈한국일보〉)에서 "팔봉 선생이 취한 문학적 태도가 올바른 것이었는지 그렇지 않은 것이었는지를 따지고 싶지 않"다고 비평가의 본분을 스스로 포기했으며, 제2회 수상자인 김윤식은 이미 〈근대한국문학연구〉(1973. 일지사)에서 작가들의 전향을 다루면서 "우리는 이 진보적 인텔리(팔봉-인용자)의 실패를 외면할 수는 도저히 없다"며 그 또한 팔봉의 전향을 옹호하는 발언을 하였습니다. 김현의 서정주 찬미, 김윤식의 김동인 극찬도 마찬가지로 한국 문인들의 친일문인기념문학상의 존속은 이들의 적극적인 변호와 옹호가 있었기에 가능하였습니다. 그들은 판관처럼 국립서울대교수라는 높은 자리에 앉아 친일문인들에게 역사의 면죄부를 발행한 자들로 청사에 씻지 모할 죄를 지은 한국 평단 공모 비평의 원흉들입니다.

표본으로 팔봉의 악질적인 반민족적 친일행보로서의) 삶과 문학은 비난과 부정의 대상은 아니다 라고 변호하는 대목에 있어서는 아연 굴욕을 느끼지 않을 수 없거니와, 대체 이것은 저 김동인, 이광수, 서정주 등의, 이른바 하나의 동궤로서의 민족 우파 작가들의 순응논리로서의-삶과 예술의 분리를 전제로 하는 부르주아의 (무책임한) 미적 자율성 이론의-역겨운 자기정당화이자 자기궤변이 아니고 무엇인지...

자, 여담은 이쯤해 두고 이제 본론으로 들어가것습니다.

임화가 나카노 시게하루의 프로시 '**비 내리는 시나가와역**'(1929.2)의 영향을 받고 이에 대한 답시로 '**우산 받은 요꼬하마의 부두**'(1929.9)를 썼다[38]고 하니만큼 임화의 프로시가 일본좌파문학의 영향을 받은 것은 분명한 사실로 보아야 할 것입니다. 중요한 것은 나카노의 시가 하나의 시적 모티프를 제공한 것은 틀림없는 일이나 그렇다고 해서 임화가 나카노 시게하루의 시를 그대로 베낀 것도 아니고 일본으로 건너가기 전 조선 청년 시인의 뛰어난 사회학적 상상력을 통해 이뤄졌다는 사실입니다. 아닌 게 아니라 그가 직접 쓴 자전 에세이 '**어느 청년의 참회**'(〈문장〉)만 보더라도, "**나는 동경서 오는 이 계통의 잡지를 매월 읽고 그중에 마리네티의 시와 미요시 주로, 모리야마 게이의 시, 나카**

---
38) 김윤식, 〈임화연구〉, 문학사상사, 1989

노 시게하루의 평론을 열독했습니다"(밑줄-글쓴이)라고 솔직하게 고백하고 있으니 말입니다. 이것은 비단 임화만의 경우는 아니지만 카프 가입 초기, 그러나 또한 미친 문학청년으로 이책 저책 가리지 않고 난독亂讀에 가까울 정도로 수많은 책을 독파하며 가슴 벅찬 시절을 보내던 문학 청년기의 임화에게 있어 하이네와 베를렌느 등 저 독일, 프랑스의 낭만적이고 저항적인 상징주의 시인들의 영향도 빼놓을 수 없지만 청년 학습기 임화 프로시 생산의 직접적이고 결정적인 젖줄이 된 것은 분명 당시 일본의 프로시단이었습니다.

비록 그렇다고 해서, 그러니까 임화가 일본프로시단의 영향을 좀 받았다고 해서 우리 문화가 그들 문화에 비해 열등한 것일까? 아닌 말로 "적, 너는 나의 용기"('현해탄')라던 임화의 말처럼, 상대가 나보다 낫다면 비록 적에게서라도 배우는 것이 오히려 훌륭한 문화예술인의 성숙한 태도가 아닌지... 저 독일의 위대한 괴테만 보더라도 그리스는 무론 심지어 서구세계와 오랜 적대관계에 있는 페르시아 문화까지 수용 걸작 〈서동시집〉을 낳은 세계의 괴테가 되지 않았는지... 그러나 우리가 그들의 문화적 영향을 받았다는 것과 우리 문화가 열등하다는 것은 서로 다른 차원의 문제입니다. 그러니까 한국의 비평가는 지금 사실과 가치를 혼동하고 있습니다. 즉 근대 이후, 조선의 문화가 앞선 서구문화의 영향을 받은 일본의 문화적 영향을 받은 것은 부정할 수 없는 사실이지만, 그러나 이를 매개로 조선이 그 '**조선적인 것**'으로서의 자기혁신을 통해 고유한 조선의 문화를 이루어낸 것은 별개의 문제라는 점을 그는 간과하고 있습니다. 아니, 이것은 사실 단순한 간과의 문제가 아니라 조선문화에 대한 자기 모멸로서의 치지도외置之度外-마음에 두지 아니함-의 문제가 아닌가. 이것은 우리 것을 아주 무시하는 비주체적인 태도일 뿐만 아니라 또한 외국것이라면 지나치게 배타적인 국문학계(또는 전통주의자들)의 문화에 대한 고질적인 태도입니다.

그러나 문화는 저수지처럼 고여만 있는 게 아니라 조류처럼 끊임없는 상호 교류를 통해 발전합니다. 문화는 일방적이지 않습니다. 문자 그대로 문화는 교직text으로 이루어지는 것입니다. 우리가 착각하기 쉬운 것 중의 하나는 모든 것이 외부에서 들어온 것은 무조건 좋다는 박래적 사대주의입니다. 여기, 카프(1925.8)만 하더라도 사실은 우리가 일본의 나프(1925.12)보다 앞선 것으로 그들이 반드시 우리보다 낫다고단은 할 수 없는 것으로 우리는 그들을 배우면서도 우리대로의 우리의 현실적 토양에 맞는 고유한 문화적 자질을 키웠던 것입니다. 뭐 객관적으로 보아도 한류와 난류가 만나는 곳에 어물이 많듯, 인류는 문화와 문화가 만나는 곳에서 더욱 찬란한 문화의 꽃을 피웠던 것입니다. '출람出藍'이라 하지 않는가. 가령, 저 찬란한 고전 그리스 문화도 이집트와 에게해 문명이 없고서는 생각할 수 없고, 이런 그리스의 고전 문화는 다시 로마에 이식되어 로마식 **'그레코 로만 Greco-Roman'** 문화로 꽃을 피웠으며, 인도의 불교는 중국에 이식되어 전통의 노장사상과 접목되면서 찬란한 중국식 **'선불교禪佛敎'**를 일으켰습니다. 서구의 열강에 충격을 받은 일본의 오랜 봉건 사무라이문화도 스스로 개화의 문을 열고 서구의 근대문명을 받아들여 아시아의 서구亞西歐로서의 자존을 뽐내고, 조선은 중국의 주자학을 받아들이되 **'조선적 기풍朝鮮之風'**(박지원)을 지닌 조선 실학으로서의 우수한 민중문화로 나타났거니와, 이런 사례들은 민요 등 그 조선적인 것으로서의 고유한indigenous 문화적 유전자를 더욱 현재화시키고, 서구의 앞선 문화를 이식하는데 조금도 주저하지 않은 조선 청년 임화에게도 그대로 해당하는 것입니다. 그러니까 문화는 이식과 발전의, 재구와 형성으로서의 역사적 결과물임을 세계사가 증명하고 있는 것입니다.

중요한 것은 우선 객관적인 사실의 문제입니다. 그래 염무웅의 말대로 과연 임화의 프로시가 일본좌파문학을 '어설프게(짜임새가 없고 허술하다)' 답습한 것인지... 나카노 시게하루와 임화의 대표시를 차례로 비교해 보겠습니다.

1. 비 내리는 시나가와역/나카노 시게하루

신(辛)이여 잘 가거라

김(金)이여 잘 가거라
그대들은 비 내리는 시나가와역(品川驛)에서 차에 오르는구나
이(李)여 잘 가거라
또 한 분의 이(李)여 잘 가거라
그대들은 그대들 부모의 나라로 돌아가는구나
그대들 나라의 시냇물은 겨울 추위에 얼어붙고
그대들의 천황에 반항하는 마음은 떠나는 일순(一瞬)에 굳게 얼어
바다는 비에 젖어서 어두워가는 저녁에 파도소리 높이고
비둘기는 비에 젖어서 연기를 헤치고 창고 지붕위를
날러 나른다
그대들은 비에 젖어 그대들을 쫓아내는
일본의 천황을 생각한다
그대들은 비에 젖어서 그대들을 쫓아내는
그의 머리털 그의 이마 그의 안경 그의 좁은 이마
그의 보기 싫은 곱새등줄기를 눈앞에 그려본다
비는 줄줄 나리는데 새파란 시그낼은 올라간다
비는 줄줄 나리는데 그대들의 검은 눈동자는 번쩍인다.
그대들의 검은 그림자는 개찰구(改札口)를 지나
그대들의 하얀 옷자락은 침침한 프랫트폼에 휘날려
시그낼은 색을 변하고
그대들은 차에 올라탄다
그대들은 출발하는구나

그대들은 떠나는구나
오오!
조선의 사나이요 계집아이인 그대들
머리끝 뼈끝까지 꿋꿋한 동무
일본 프롤레타리아의 뒷방패 앞방패
가거든 그 딱딱하고 두터운 번지르르한 얼음장을
두들겨 깨쳐라
오랫동안 갖히였던 물로 분방한 홍수를 지어라
그리고 또다시
해협을 건너 뛰어 닥쳐오너라
고베(神戶) 나고야(名古屋)를 지나 도쿄(東京)에 달려들어
그의 신변에 육박하고 그의 면전에 나타나
그를 사로잡어 그의 멱살을 움켜잡고
그의 멱 바로 거기에다 낫살을 겨누고
만신의 튀는 피에
뜨거운 복수의 환희 속에서
울어라! 웃어라!

2, 우산 받은 요꼬하마의 부두/임화

항구의 계집애야! 이국의 계집애야!
'독크'를 뛰어오지 말아라 '독크'는 비에 젖었고

내 가슴은 떠나가는 서러움과 내어 쫓기는 분함에 불이 타는데
오오 사랑하는 항구 '요꼬하마'의 계집애야!
'독크'를 뛰어오지 말아라 난간은 비에 젖어 있다
"그나마도 천기天氣가 좋은 날이었더라면?"……
아니다 아니다 그것은 소용없는 너만의 불쌍한 말이다
네의 나라는 비가 와서 이 '독크'가 떠나가거나
불쌍한 네가 울고 좋아서 좁다란 목이 미여지거나
이국의 반역 청년인 나를 머물러두지 않으리라
불쌍한 항구의 계집애야_울지도 말아라

추방이란 표를 등에다 지고 크다란 이 부두를 나오는 네의 사나이도 모르지는 않는다
제가 지금 이 길로 돌아가면
용감한 사나이들의 웃음과 알지 못할 정열 속에서 그 날마다를 보내이던 조그만 그 집이
인제는 구두발이 들어나간 흙자죽밖에는 아무것도 너를 맞을 것이 없는 것을
나는 누구보다도 잘 알고 생각하고 있다
그러나 항구의 계집애야!- 너 모르진 않으리라
지금은 '새장 속'에 자는 그 사람들이 다- 네의 나라의 사랑 속에 살았던 것도 아니었으며
귀여운 네의 마음 속에 살았던 것도 아니었다

그렇지만-
나는 너를 위하고 너는 나를 위하여
그리고 그 사람들은 너를 위하고 너는 그 사람들을 위하여
어째서 목숨을 맹서하였으며
어째서 눈 오는 밤을 몇 번이나 거리에 새었던가

거기에는 아무 까닭도 없었으며
우리는 아무 인연도 없었다
더구나 너는 이국의 계집애 나는 식민지의 사나이
그러나- 오직 한 가지 이유는
너와나- 우리들은 한낱 근로하는 형제이었던 때문이다
그리하야 우리는 다만 한 일을 위하여
두 개 다른 나라의 목숨이 한 가지 밥을 먹었던 것이며
너와 나는 사랑에 살아왔던 것이다

오오 사랑하는 '요코하마'의 계집애야
비는 바다 위에 내리며 물결은 바람에 이는데
나는 지금 이 땅에 남은 것을 다 두고
나의 어머니 아버지 나라로 돌아갈려고
태평양 바다 위에 떠서 있다
바다에는 긴 날개의 갈매기도 올은 볼 수가 없으며
내 가슴에 날든 '요코하마'의 너도 오늘로 없어진다

그러나 '요코하마'의 새야
너는 쓸쓸하여서는 아니 된다 바람이 불지를 않느냐
하나뿐인 너의 종이우산이 부서지면 어쩌느냐
어서 돌아가거라
인제는 네의 '게다' 소리도 빗소리 파도소리에 묻혀 사라졌다
가보아라 가보아라
나야 쫓기어나가지만은 그 젊은 용감한 녀석들은
땀에 젖은 옷을 입고 쇠창살 밑에 앉어 있지를 않을 게며
네가 있는 공장엔 어머니 누나가 그리워 우는 북륙北陸의 유년
공이 있지 않으냐
너는 그 녀석들의 옷을 빨아야 하고
너는 그 어린 것들을 네 가슴에 안어 주어야 하지를 않겠느냐―
'가요'야! '가요'야! 너는 들어가야 한다
벌써 '싸이렌'은 세 번이나 울고
검정 옷은 내 손을 몇 번이나 잡아당겼다
인제는 가야한다 너도 가야하고 나도 가야한다

이국의 계집애야!
눈물은 흘리지 말아라
거리를 흘러가는 '데모' 속에 내가 없고 그 녀석들이 빠졌다고―
섭섭해 하지도 말아라
네가 공장을 나왔을 때 전주電柱 뒤에 기다리던 내가 없다고―

거기엔 또 다시 젊은 노동자들의 물결로 네 마음을 굳세게 할 것이 있을 것이며
사랑의 주린 유년공들의 손이 너를 기다릴 것이다―

그리고 다시 젊은 사람들의 입으로 하는 연설은
근로하는 사람들의 머리에 불같이 쏟아질 것이다
들어가거라! 어서 들어가거라
비는 '독크'에 나리우고 바람은 '덱기'에 부딪친다
우산이 부서질라―
오늘― 쫓겨나는 이국의 청년을 보내주던 그 우산으로 내일은 내일은 나오는 그 녀석들을 맞으러
'게다' 소리 높게 경빈거리[京濱街道]를 걸어야 하지 않겠느냐
오오 그러면 사랑하는 항구의 계집애야
너는 그냥 나를 떠내 보내는 서러움
사랑하는 사나이를 이별하는 작은 생각에 주저앉을 네가 아니다
네 사랑하는 나는 이 땅에서 쫓겨나지를 않는가
그 녀석들은 그것도 모르고 갇혀 있지를 않은가 이 생각으로 이 분한 사실로
비둘기 같은 네 가슴에 발갛게 물들어라
그리하야 하얀 네 살이 뜨거서 못 견딜 때
그것을 그대로 그 얼굴에다 그 대가리에다 마음껏 메다 쳐버리어라

그러면 그때면 지금은 가는 나도 벌써 부산, 동경을 거쳐 동무
와 같이 '요코하마'를 왔을 때다
그리하여 오랫동안 서러웁던 생각 분한 생각에
피곤한 네 귀여운 머리를
내 가슴에 파묻고 울어도 보아라 웃어도 보아라
항구의 내의 계집애야
그만 '독크'를 뛰어오지 말아라
비는 연한 네 등에 나리우고 바람은 네 우산에 불고 있다

나는 이 두 작품을 어티게 비교 설명해 내야 할지… 내 앞에는
실로 어마어마한 시대의 걸작들이 놓여 있습니다.

우선 공통점부터 보겠습니다. 두 작품은 모두 뛰어난 상징성을
지니고 있습니다. '비 내리는'/'우산 받은', '시나가와역'/'요코하마
의 부두'… 두 작품의 제목에 드러나고 있는 이것은 하나의 상
징적 공간을 점하고 있는데, 여기 '**상징적**symbolic'이라는 언사
는 '일단' 심리적 요소와 관련된 것으로, 이 작품들의 성공요건
을 이루는 일차 요소입니다. 그러니까 우리가 일반적인 용어나
이름, 평소에 접하기 쉬운 그림 따위에 통상적인 명백한 의미 말
고도 '특정한 함의'가 덧붙여졌을 때 우리는 그것을 '**상징**'이라
부릅니다. 다시 말해서 여기, '비 내리는 시나가와역'과 '우산 받
은 요코하마의 부두'는 일반적이고 통상적인 의미가 아닌 특정

한 함의를 지닌 상징적 기호입니다. 즉 우리는 일상적인 날씨가 아닌 비가 오는 배경이 지닌 상징적 의미로서의 어두운 의미를 연상하게 되는 것이고, 더구나 역이나 부두는 만나고 떠나는 곳인데, 여기서는 이별의 공간으로 두 작품 모두 '국외추방'이라는 특정한 의미를 전하기 위한 상징적 공간으로 채택된 것이니, 가령 일제시기 '목포의 눈물'이라는 시대의 설움을 절실하게 노래한 애상적이고 서정적인 대중가요가 만주로, 북간도로, 하와이, 일본으로 그 어딘가로 살기 위해 정든 항구를 떠나야만 했던 시대고로서의 아픔을 지닌 디아스포라 조선 동포의 설움이 지금도 뼈아픈 공감을 자아내고 있거니와, 꼭 그처럼 여기 역과 부두는 더구나 '비 내리는' 이미지로서의 상징적 공간으로서의 시적 토포스의 설정은 독자와 충분히 공감할 수 있는 보편적 상징으로써 시적인 성공 조건을 갖췄다고 볼 수 있습니다.

또한 두 작품에서 상징적인 이미지의 설정과 더불어 우리는 애상적이고 서정적인 분위기를 넘어 불같은 서정성과 함께 뜨거운 서사성을 동시에 느끼게 되는데, 그것은 과연 '국외추방'이라는 시적 소재와도 관련이 있는 것으로, 나카노 시게하루에게는 황국신민이, 일본의 노예로서의 그들의 국민 되기를 거부하는 조선인을 기리는 의미에서 그러하고, 임화에게는 노동쟁의로 추방되는 이국의 반역 청년, 조선 청년 노동자의 심정을 아름답고도 진실하게 투사해냈다는 의미에서 그렇습니다. 그러니까 우리는 여기서 하나의 '추방서사'로서의 디아스포라적 의미를 다시 확인하게 되는데, 이것은 예나 지금이나 가난과 전쟁, 또는 쟁의와 관련되어 그 어딘가로 살 곳을 찾아 떠나야 되는, 아니 떠나지 않을 수 없는 힘없는 소수약자들에 대한 인류애적 의미를 지니고 숭고한 그 무엇으로 나의 가슴을 치는 것이기도 합니다. 그리하여 이 두 작품에서 우리는 국제적 연대라는, 즉 민족 간의 에스니한 감정을 넘어선 프롤레타리아 국제성과 인류애적 해방서사로서의 의의를 지닌 조선-일본 간의 연대의식에서 피어난 특이한 프로노동시를 마주하고 있는 것입니다.

그러나 두 작품이 이렇게 그 뛰어난 상징성과 공동의 적에 대항하는 노동해방서사로서의 인류애적인 숭고한 의의를 드러내고 있는 공통점을 보유하고 있으면서도 우리는 하나의 동질성을 지닌 작품에서도 서로간에 질이 다른 그 무엇을 느끼게 되는데, 그것은 과연 작품에 있어서의 질quality의 문제입니다. 양quantity의 문제가 아닙니다. 그것은 바로 베르그송에 있어서의 **'미적 강도aesthetic intensity'**의 문제에 다름이 아닙니다. 그것은 단순한 반복에서만의 문제도 아닙니다. 그러니까 우리가 나카노 시게하루의 작품에서도 무론 그 뛰어난 상징처리를 비롯하여 선연한 분노의 감정을 공유하고자 하는 연대의식의 소산으로서의 일본좌파문학 발군의 이론가이자 걸출한 시인이 보여준 프로시의 위상을 확인할 수 있거니와, 그러나 그것은 어딘지 모르게 목적의식이 강하게 느껴지고, 특히 후반부에 이르러서는 감정처리의 생경함을 느끼게 되는 것도 부정할 수 없는 사실입니다. 더구나 오늘 한국의 독자로서 우리가 이 시를 감상한다고 할 때에 있어서 솔직히 자기도 모르게 제국주의자의 지배심리를 드러낸 '일본 프롤레타리아의 뒷방패 앞방패'라든지 '울어라', '웃어라' 라는 명령어에 없지 않은 민족 감정을 확인하게 되는 것 또한 무시 모할 것입니다. 그러니까 화자는 하나의 지도 차원이라는 우월한 위치에서 조선의 노동자를 대하고 있다는 데서 우리는 알게 모르게 에스니한 민족적 감정을 느끼게 되는 것입니다. 이런 것은 그 기회주의적이고 우쭐대는 지식인의 본질의 일부로 그가 결국 일본측 사정[39]이 어려워지자 전향하게 되는 결과로 나타난 것을 통해서도 잘 알 수 있습니다.

고베(神戸) 나고야(名古屋)를 지나 도쿄(東京)에 달려들어/그의 신변에 육박하고 그의 면전에 나타나/그를 사로잡아 그의 멱살을 움켜잡고/그의 멱 바로 거기에다 낫살을 겨누고/만신의 튀는 피에/뜨거운 복수의 환희 속에서/울어라! 웃어라!

그리고 여기 '만신의 튀는 피'니, '복수의 환희'니 하는 표현들,

---

[39] 가장 대표적으로 나프NAPF 소설가인 코바야시 타끼지의 〈게 가공선〉(창비)이 금서로 지정되고, 작가가 1933년 국가의 고문으로 살해당하자 나프는 전멸의 위기를 맞이하게 되고, 지식인들의 대거 전향이 잇따르게 되는 가운데, 나카노 시게하루 또한 전향하기에 이르렀습니다.

이것은 분명 예술의 언어로 형상화 되지 모한 감정 과잉이라고 할 것으로, 다시 말해 김동인의 이른바 "주먹 마치 시"(여기, '마치'는 지금의 '망치'입니다)의 일종에 해당하는 것으로, 한때 조선 경향문학의 비판의 대상이었던 과격하고 거친 표현이 아무래도 아쉬움으로 남는 게 사실입니다.

자, 그렇다면 임화의 시는 과연 어떨까? 임화의 시가 나카노 시게하루 시의 격정에 감발이 되어 답시를 쓰게 할 만큼 시게하루 시의 격정을 우리가 느끼지 모하는 바가 아니나 우리가 임화의 프로 시에서 하나의 미적 강도로서의 시게하루의 시와 다른 마치 하나의 불덩어리를 안은 듯 시적이고 예술적인 격정에 넘친 페이소스를 느끼면서 또한 대리석처럼 차가운 그 무엇으로서의 냉정하고도 성숙한 표정을 동시에 느끼게 되는 것은 무엇인지, 그것은 참으로 설명하기 어려운 그 무엇입니다. 그러나 시를 유심히 보건대, 임화의 시에는 상징적 처리도 좋고 더구나 '계집애'라는 정감 있는 언어를 박아넣고 여성 이미지를 끼워 넣음으로써 로맨틱한 색조를 발하고 있지만(무론 이것이 그르칠 경우에는 외려 약한 고리가 될 수 있습니다) 우리가 임화의 시에서 시게하루의 시와는 또 다른 시적 질감에 있어서의 남다른 감흥을 느낀다면, 그것은 보다 감정선을 자연스럽게 따라가는 차원에 있어서의 한 인간의 내면의 진실로서의 시적 진실이 그득하게 작품 전편에 넘쳐 흐르고 있다는 점일 것입니다. 그러면서 또한 우리가 임화의 시에서 시게하루의 시와 다른 그 무엇을 느꼈다면 그것은 바로 한일연대의식이라는 '이상적' 관념에 매인 화자의 모습이 아닌 민족의 '현실적' 감정을 지닌, 그리하여 '너'와 '나'로서 분명한 차이를 지닌 진실한 화자의 감정 그것입니다. 이것은 개인적이고 서정적인 감정과는 다른 것입니다. 그러니까 여기, 임화의 시에 하나의 지배적인 이념소로 등장하고 있는 일차적인 요소는 '항구의 계집애'로 표상되고 있는 '너'라는 기호입니다. 그러나 이 '너'라는 타자의 기호가 문법적 표지를 넘어 자신이 사랑하지만 사랑해서는 아니 될 관계로서, 그러니까 여기 '나'와 '너'는 인류애적 의미와 민족적 의미가 복잡하게 뒤엉켜있는 것으로서의 모순된 이데올로기적 감정 기호입니다. 사랑에도 이념의 공기가 이렇게 작동하고 있는 것이니, 이것은 참으로 매력적인 하나의 나타남으로서의 현상학[40]이 아닌가. 그래 그는 온통 이 계집애에 대한 의식의 처리에 사로잡혀 있습니다. 그리하여 마치 천재적인 작곡가 베토벤의 교향곡 5번 '운명'의 기본 음조 '짜자자잔~'이 다양하게 변주되면서 이를 데 없는 고전의 맛과 깊이를 더하는 것처럼, 꼭 그처럼 우리는 임화의 이 작품에서도 '항구의 계집애'는 끝없이 변주되어 **"이국의 계집애/사랑하는 항구 '요코하마'의 계집애/불쌍한 항구의 계집애/너는 이국의 계집애/사랑하는 '요코하마'의 계집애/'요코하마'의 너/'요코하마'의 새/'가요'야/항구의 내의 계집애…"** 등 다양한 이미지로, 그 차이와 반복으로서의 천의 얼굴로 나타나고 있어 감상의 맛

---

[40] 이정우, 〈세계철학사4〉, 도서출판길, 2024.

과 깊이를 더하는데 기여하고 있는 것으로, 이것은 분명 임화시에 주로 나타나고 있는 심리적 기제로서의 여성 편향의 한 요소라 할 것입니다. 이것은 그만큼 조선 민중의 혼을 대변하는 시적 화자인 임화 의식의 끈의 중요한 한 부분을 차지하고 있는 심리적 매개 요소로 또한 진실한 모습으로서 사랑하는 한 인간으로서의 나약한 모습이기도 한 그것입니다. 그러나 중요한 것은 이성異性과, 그것도 적대국의 계집애와 사랑에 빠진 한 인간의 솔직한 모습으로서의 이야기도 이야기대로 진실하게 토로되고 있지만, 역시 우리가 임화의 프로시에서 줄기가 다른 그 무엇으로서의 감동의 결을 느끼게 되고, 다시말해서 우리가 임화의 프로시에서 그 예술적 승화로서의 격정에 넘친 서사시로서의, 서정적 우물에 빠진 나약한 인간을 넘어 그 성숙한 의미에서 사유의 진전으로서의 하나의 운동성을 확인하게 되는 것은 바로 그 헤겔적 의미에서의 즉자적卽自的 서정의 범주를 넘어선 **'대자적對自的'** 인식으로서의 서사적 탈영토의, 아토포스적 미의 세계영토입니다. 탈영토, 그것은 과연 정주를 넘어선 새로운 범주의 사유세계가 아닌가. 그러니까 그는 하나의 사랑하는 여인이라는 개인적 감정의 굴레에서 벗어나 그 대자적 거리로서 '요코하마'라는 이국적 공간에서 마주한 너를 대자화하면서 **'너는 이국의 여인'**이라는 대상화된 거리 이쪽에 심리가 닿아 있으며, 그곳에 바로 하나의 초자아로서 **'나는 식민지의 사나이'**라는 새로운 시적 영토로서의 조선 청년의 표상으로 자리하고 있는 것입니다. 예술은 세계를 구원할 수 있을까? 그러나 바로 여기서 우리는 그깟 감정 하나 주체하지 못하고 인정에 얽매어 있는 나약한 자신을 초극하고자 하는 식민지 청년 임화의 결연하고도 격렬한 시대적 메시지를 확인할 수 있다는 데서 그 비교할 수 없는 감격의 순간을 통체험하는 것입니다.

오오 사랑하는 '요코하마'의 계집애야
비는 바다 위에 내리며 물결은 바람에 이는데
나는 지금 이 땅에 남은 것을 다 두고
나의 어머니 아버지 나라로 돌아갈려고
태평양 바다 위에 떠서 있다
바다에는 긴 날개의 갈매기도 올은 볼 수가 없으며
내 가슴에 날든 '요코하마'의 너도 오늘로 없어진다

그래 임화를 가장 앞서서 날서게 비판하고 있는 김윤식(《한국근대문예비평사연구》)조차 이 작품을 '카프' 시인으로서의 단계 중에서 대표적인 작품'이라고 인정[41] 하지 않을 수 없었던 이유가 여기에 있고, 가장 정직한 비평의 사제 김용직(《임화문학연구》)

---

41) 그러나 그는, 매번 느끼는 것이지만 임화를 부정하고자 하는 무의식을 곳곳에 드러냈는데, 그의 대표작 중의 하나인 〈임화연구〉(문학사상사, 262쪽)에서도 예외없이, 임화의 시가 조선의 노동자를 일본 프로레타리아의 '앞잡이요 뒷군'이라며 조선민족을 모욕하는 나카노 시게하루의 시에 비해 임화는 일본 처녀와 연애감정에 빠져 청년스러운 유치함을 드러낸 것에 지나지 않는다며, 임화의 작품은 허위이고 거짓이고 모자란다는 망언을 늘어놓고 있습니다. 대체 객관적인 사실조차 부정하는 그가 지닌 미적 심판관으로서의 평론의 추는 그 누구를 위해 쓰이고 있는지 모를 일입니다.

은 임화의 시에는 '줄기가 느껴진다' 하고, 이 작품이 나카노 시게하루의 시보다 훨씬 낫다[42]고 평한 것입니다.

이에 덧붙여 글쓴이가 보기에 임화의 이 시는 조선 저항시가 낳은 가장 아름다운 시에 해당한다 할 것입니다. 그렇다면 임화의 이 시가 조선 저항시가 낳은 가장 아름다운 작품이라면 그 이유는 무엇인지 보겠습니다. 왜냐하면 이것은 '어설프다'는 염무웅의 악의적인 진단에 대한 나의 가장 알맞은 대답이 될 것이기 때문입니다. 대체 그 무엇이 어설프다는 것은 무엇인지, 그것은 짜임새가 없고 허술하다는 것입니다. 마치 '어설픈 움막처럼' 처럼 말입니다. 그렇다면 움막이 왜 어설픈 것인지, 그것은 박영희와 더불어 저 카프의 유명한 '내용-형식 논쟁'을 불러일으킨 비평가 김기진의 지적(문예월평, 1926. 12.〈조선지광〉)처럼 소설은 한 개의 건축인데, 기둥도 서까래도 없이 붉은 지붕만 얹어놓은 가건축이기 때문에 그렇다는 것입니다. 여기, 하나의 비유로 '기둥'과 '서까래'는 형식과 기술에 대한 이름이고, '붉은 지붕'은 내용과 관념에 대한 이름입니다. 이를 전제로 김기진은 박영희의 단편소설('철야', '지옥순례')이 형식에 대한 기술적 고려 없이 다만 내용 중심의 관념에 치우친 하나의 선전문학에 기운 어설픈 작

---

[42] "임화의 것이 그 제작동기를 나카노 시게하루의 것에서 얻었다고 해서 그것이 곧 전자의 후자 모작이라든가 아류설을 가능케 하지는 않는다. 실제 작품을 보면 임화의 것이 몇 가지 점에서 나카노 시게하루의 작품을 능가하는 면을 가진다.", 김 용직의 〈임화문학연구〉, 세계사, 1991.

품이 되었다는 것입니다. 이것이 바로 1920년대 초기 조선의 경향문학에 대한 지속적인 비판의 빌미가 된 '살인 방화 소설 주먹 마치 시'에 해당하는 것으로, 그러나 김기진은 김기진대로 이를 지양하지 모하고 연이어 임화와 '대중화 논쟁'을 벌이면서 미학적 형식주의를 벗어나지 모했고, 원칙과 소신이 부족했던 그는 결국 일본의 품으로 돌아갔던 것입니다. 박영희는 또 박영희대로 극단적인 좌익 소아주의로 대중의 호응을 얻지 모했을 뿐 아니라 카프 내에서도 설 자리를 잃자 기어코는 카프의 책임자 자리를 놓고 탈퇴하면서 내놓은 유명한 변명이 바로 **'다만 얻은 것은 이데올로기며 상실한 것은 예술 자체이었다'**라는 선언이었습니다.

이것은 지금에 와서 볼 때, 참으로 소중한 미학 논쟁의 교훈이지만 그들 선배이자 절친한 친우이자 카프의 창립자들은 그러나 우리들에게 양극단을 떠난 미적 중도, 아니 미적 금도의 소중함을 가르치고 있는 것입니다. 그러니까 작품이 가장 아름다운 빛을 발하기 위해서는 가령, 현악기가 가장 아름다운 소리를 내기 위해서는 지나치게 팽팽해서도 지나치게 느슨하지도 않아야 하는 것처럼, 꼭 그처럼 작품이 가장 작품다운 것이 되기 위해서는 지나치게 내용(주제, 메시지)을 강조해서도 지나치게 형식(언어기술, 문학적 재미)에 치우쳐서도 안 된다는 것을 잘 보여주고 있는 것입니다. 그러니까 악기를 잘 다루는 데에 조율이 중요하듯이, 작품을 잘 쓰는 데에도 내용과 형식의 조화는 매우 중요한 것입니다. 이런 관점에서 볼 때에 있어서, 우리는 임화의 시들이, 특히 여기 '우산 받은 요코하마의 부두'가 최고의 평가를 받은 이유도 과연 그 내용에 있어서나 형식에 있어서나 부정하기 어려운 중용의 요소와 더불어 그 임화적인 줄기를 지닌 서사적 프레임을 잘 갖췄기 때문입니다. 그것은 궁극적으로 '나는 식민지의 사나이다' 라는 강렬한 메시지와 더불어 이런 붉은 지붕으로서의 메시지를 미적으로 가장 아름답게 전하고 있는 기둥과 서까래로서의 구체적인 묘사의 특출한 힘 때문입니다. 다시말해 우리는 이 작품을 읽으면서 임화가 풀어놓은 그만의 그 어떤 언어예술상의 미적 분위기에 황홀하게 휩싸여 있는 파토스적 감정을 느끼게 되면서도 성숙한 이성의 세계에 도달한 데 대한 차원 높은 고양된 의식의 경험을 하게 되는데, 이것은 분명 그 미적 금도로서의 조화된 힘 그 이상이 아니고서는 불가능한 무엇입니다. 영국의 경험론 미학자 데이비드 흄은 '글쓰기의 소박함과 세련됨의 적절한 조합보다 더 방대한 고찰 대상은 없다' 하면서 다음과 같이 말했습니다.

두 가지(*소박함과 세련됨, 이 글의 논지와 관련하여 여기 '소박함'은 메시지 중심의 내용을, '세련됨'은 미적 아름다움을 중시하는 형식을 암시하는 기호입니다-인용자) 종류의 지나침을 모두 피해야 하고 모든 작품을 살펴보고는 적절한 중용이 무엇인가

연구해야 한다. 하지만 이러한 중용은 하나의 지점에 위치해 있는 것이 아니라 상당히 넓은 폭을 가질 수 있다.

—데이비드 흄, 〈취미의 기준에 대하여 비극에 대하여 외〉, 마티

그러니까 임화의 시는 소박함(내용중심주의)과 세련됨(형식중심주의)을 고루 갖추었으면서도, 즉 시대 상황에 대한 그 이데올로기적 개감(서사적)을 지녔으면서도 예술적 미감(묘사적)을 놓치지 않고 양단을 지양함으로써 저 장강대하처럼 '장장한' 시폭을 보여준 중후장미한 작품이 되었다 할 것입니다.

—묘사적 사실 요소; 우리는 그동안 근로하는 형제로 서로 사랑해온 사이였다

—서사적 가치 요소; 그러나 너는 이국의 계집애이고, 나는 식민지의 사나이다(그러니 너도 가고 나도 가고 우리는 헤어져야 한다. 바보같이 눈물을 흘리지 말아라)

보론補論
-임화 프로시의 내재적 기원

자, 그렇다면-좀 길어졌습니다만-이번에는 실질적으로 한 걸음 더 들어가서 임화 저항시가 이렇게 아름다운 이유가 무엇인지, 이렇게 미적으로 뛰어난 서사적 시폭을 지닌 작품을 낳은 실제적 힘은 무엇인지 작품의 내재적인 성취 배경을 좀 살펴보겠습니다. 잘 알다시피, 임화는 일찍부터 '조선 민중'에 대한 편애('혁토', 1927)를 드러낸 프로시인이었습니다. 그런 그가 김태준의 걸작 〈조선소설사〉(1933)에 대해 경쟁의식을 느끼고는 그 역시 걸작 〈개설신문학사〉(1939)를 쓴 것인데, 이 두 작품은 모두 일제에 대한 민족적 저항의식에서 비롯된 것입니다. 내가 눈여겨 보았던 대목은 학예사 발간의 〈증보 조선소설사〉 서문에 임화 스스로 고백하고 있듯이 **"이 책에 대해서는 나로서도 일가一家의 생각이 있었다"**라며 자신의 소회를 밝히고 있는 그의 내면의 초상입니다. 그러니까 우리가 임화라는 초상을 그리고자 할 때에 있어서 그는 참으로 큰 욕망을 지닌 조선의 대문화인이었다는 사실입니다. 그래 임화는 학예사 주간으로 일본의 이와나미岩波 문고의 문화침략에 대한 대적의식으로 '조선문고'라는 타이틀을 내걸고 암흑기 저 야광주와도 같이 조선학의 보물로서의 은칼, 금칼처럼 번쩍이는 걸작들을 줄줄이 쏟아냈거니와, 이 중에서 또한 나의 눈깔을 자극하는 것은 '예언例言'(인용자—일러두기)에서 말하고 있듯이 "나 개인으로 보면 년래로 틈틈이 관심해 오든 민요 공부의 일소산으로" 그가 직접 편집한 〈조선민요선〉(1939)이라는 작품입니다.

여기, 우리가 또한 시선을 놓을 수 없는 것은 오늘의 〈삼대목〉이라 할까, 조선의 〈시경〉 또는 〈만엽집〉이라 할 적지 않은 분량의 두터운 이 책에서 임화의 편집 의도를 눈여겨보게 되는데 바로 서정가요보다 '서사가요'에 압도적 비중을 두고 있다는 점입니다. 이것은 시대 배경도 배경이거니와, 공전의 프로시를 낳은 임화에게 결코 우연이라고 할 수 없는 일입니다. '조선 민중'도 그렇고 '틈틈이 관심해 오던 민요 공부'도 그렇고 임화의 시가 민중적인 서사 경향을 띠고 조선 재래의 고유한 이야기성에 주목하고 있는 것은 과연 일가를 이룬 조선학의 대부로서의 하나의 내재적 가치에 주목할 바의 **'조선적인 것'** 그것입니다.

웃녁새는 우로가고
아랫녁새는 아래로가고
전주고부 녹두새야
두룸박 딱딱
우여!

웃논에 차나락심고
아랫논에 매나락심어
울오라비 장개갈때
찰떡치고 메떡칠데
네가다-까먹나
우여!

-'녹두새야', 임화 편 〈조선민요선〉, 학예사

여기, '녹두새'는 우리가 익히 알던 그 파랑새요, 외세를 상징하는 이솝적 언어로서의 바로 '그 새'입니다. 이것은 기왕의 참요讖謠에 가까운 파랑새 노래보다 훨씬 민중적 원형에 가까운 이야기 형식을 잘 보여주고 있다는데 적지 않은 의의가 있는 작품입니다. 자, 여기 민중적 원형이라는 것은 바로 조선 민요의 기본형이라 할 4 4조[43]를 말하는 것입니다. 즉 향가를 비롯 시조는 무론 별곡과 더불어 조선적 호흡에 가장 알맞은 기본형을 노정하고 있는 이 노래 또한 4 4조 기본형을 유지하고 있습니다. 중요한 것은 이런 4 4조 기본형이 여기, '녹두새야' 처럼 점차 분화, 서사화하면서 그 민중적 이야기 형태로서의 자기화한 모습을 보여주고 있다는 점입니다. 이렇게 '노래'에서 '이야기'에로의 형식적인 변환으로서의 장르의 진전은 또한 자유로운 의식의 분

---
43) 이재욱, '조선민요서설', 임화 편 〈조선민요선〉, 학예사

출로 나타난 세계적인 현상이 아닌가 말입니다. 가장 대표적으로 우리는 저 서양 문화와 문명의 기원이라는 호메로스의 대서사시 〈일리아스〉, 〈오디세이아〉가 실은 노래(민족적 형식)에서 이야기(시민적 형식)로 전이되어 가는 전형적인 당대의 변화상을 반영[44]하고, 그것은 다시 '사포' 등 자유로운 그리스의 서정시로 이어지고 있음을 볼 수 있거니와, 중국의 노래 또한 시경의 4언에서 시작되어 이 시경의 4언을 부정한 것이 조조를 비롯한 한漢의 악부 5언이요, 이 5언 악부를 또한 부정하고 나선 것이 당唐의 7언시 절구요, 백거이의 장편이 아닌가, 이 7언을 또 부정하고 일어난 것이 송사宋詞로, 명/청대의 소설로, 근대의 백화시, 현대의 신시로 이어진 것이 아니었던가. 이와 마찬가지로 조선의 노래 또한 고대시가를 비롯 향가의 기본형은 4구체 또는 4언시 형태로 시작되어 8구체, '사뇌가詞腦歌'라는 10구체로 점차로 분화, 완성되었으며, 고려가요와 조선의 별곡체(정철)와 연시조(윤선도), 특히 장형 사설시조('장진주사'), 그리고 서사민요에 이르러서는 그 자유분방한 욕망의 형식으로 분출되는 것을 확인할 수 있는 것입니다. 위의 '녹두새야'는 그중에서도 그 자유로운 서사적 분화를 느끼기에 충분한 정도로 그 노래가 지닌 정형적인 틀은 기본대로 유지되면서 자유로운 이야기의 강물로 출렁거리고 있습니다. 가령, **"웃녁새는 우로가고/아랬녁새는 아래로 가고"** 를 전통의 4 4조 기본형에 맞추면 **"웃녁새는 우로가고/아랬**

---

44) 졸저 〈대서사시의 탄생〉(근간), 사실과가치

녘새 아래로가"가 될 터이지만 '는'과 '고'가 추가됨으로서 그 말하고자 하는 민중적 화자들의 서사적 의지와 꿈, 욕망이 구체적으로 개입하고 있습니다. 무엇을 첨가한다는 것은 상대의 주장에 토를 다는 것이니 자기화의 표지가 아닌가 하는 말입니다. 그래 조사 '는'은 대상에 대한 미적 거리두기로서의 자기화를, '고' 역시 하나의 객관적 인식으로 대상을 노트럴하게 포착하고자 하는 이성의 표지인 것입니다. 그러니까 여기 4 4조 기본형에 따라붙는 '는'과 '고'라는 첨가어로서의 조사형태는―마치 막연하고 단순한 '山山'에서 자아의식이 성장하면서 '산은 산이다山是山'로 좀더 분명하고 분화된 형태로 발전되어 가는 것처럼, 꼭 그처럼 '아랬녘새'와 '아랬녘새는'은 관념산수화와 진경산수화처럼 본질적인 차이가 있는 것입니다―하나의 차이로서의 자기화를 위한 문법적 표지이자 서사적 개입으로서의 산문적 형식으로, 이렇게 노래에서 이야기에로의 산문화 과정은 역사상 시민의식의 성장과 연결되는 것이기도 합니다.

항구의 계집애야! 이국의 계집애야!
'독크'를 뛰어오지 말아라 '독크'는 비에 젖었고
내 가슴은 떠나가는 서러움과 내어 쫓기는 분함에 불이 타는데
오오 사랑하는 항구 '요꼬하마'의 계집애야!
'독크'를 뛰어오지 말아라 난간은 비에 젖어 있다

그리하여 여기 임화의 가장 아름다운 시라 할 이 격정에 넘친 서사시에서 우리는 분명 하나의 시이자 소설로서의, 그러니까 이것은 시도 소설도 아니지만 시이기도 하고 소설이 됨직도 한 그 불일불이不—不二한 조선적 형식으로서의, 시적 산문poetic prose의 형식을 지닌 위대한 서사 형식을 보게 되지 않는가 말입니다. 그러니까 이것은 기본적으로 그 조선적 정조인 4 4조 기본형의 충실한 반영이자 부정이고, 그 자유로운 영혼이 뿜어내고 있는 산문혼의 발산이 아닐 수 없는 것으로, 그것은 기어코 **'난간은 비어 있다'(밑줄—글쓴이)**라고 그 서술형(~어 있다) 어조로서의 묘사적이고 소설적인 문법으로 나타나고 있는 것입니다. 그러니까 이것은 사실 그 객관적인 인식의 차원에서 보아도 그렇거니와, 자신이 처한 현실을 대자화시키기 위한 강조 차원에서의 고려가 하나의 산문적 거리를 유지한 결과로 나타나지 않았나 하는 것으로, 이것은 권위와 영탄으로 일관하던 공소한 봉건적 인식에서 벗어난 현실적 감정의 형식적 투영이 되었던 것입니다. 특히 한정사 '-은'에서 그 차이로서의 현대인의 예민한 감수성을 보여주는 것입니다.

그러면서 또한 우리가 주목하지 않을 수 없는 것은 과연 민중의 이야기로서의 서사성이 지닌 그 간접적인 처리 방식으로서의 민중적 지혜와 직접적인 드러내기로서의 소박함이 아닌가 말입니다. 즉 전남 전주지방에서 채록된 이 서사가요에서, 그러니까 당시 민중들의 인식으로 '웃녁새'는 중국의 되놈들이요, '아랫녁새'

는 일본의 왜놈들이 아닌가. '전주고부 녹두새'는 이들과 한패나 다름없는 지배자들에 대한 우회적 표현이요, 중국놈 일본놈이 물러난 자리에 심은 차나락과 매나락을 까먹는 새는 바로 조병갑 등 민중의 생명을 빨아먹는 기생충들이라는 것 아닌가. 더욱 **"네가다—까먹나"**라는 직접적이고 섬뜩한 대목으로서의 거침없는 목소리로서의 민중의 노래와 서사형식은 앞에서 본 바 있는 **"보아라! 어느 누가 참말로 도적놈이냐?"**('네거리의 순이') 라는 거침없고 대담한 민중의 목소리와 다르지 않은 것입니다. 즉 '녹두새야'는 외세에 대한 저항이자 지배자의 학정에 대한 비판이니, 뭐 반제반봉건의 기치를 든 조선 민중의 드높은 기개를 잘 보여준 민요의 절창이 아닌가 말입니다.

중요한 것은 또한 어조입니다. 대상을 간접화법으로 처리하면서도 '녹두새야'하고 호명하는 데는 죄지은 자들을 돌아보게 하는 섬뜩한 효과가 있고, 반면 '웃논', '아랫논', '찰떡', '메떡', '장개간다' 등은 을매나 정겹고 활기가 넘치는 고유어의 열병식인가. 더욱 중요한 것은 '우예!'라는 간투사interjection입니다. 감탄사가 아닙니다. 이것은 하나의 독립된 의미로 외세와 봉건세력들의 착취적 현실('까먹나')에 대한 강한 배척 의지를 드러내고 있는 생동하는 기호표지입니다. 강한 서사적 환기력을 지닌, 그러면서도 우회적으로 자신들의 행동의지를 지혜롭게 투사하고 있는… 우리는 '우산 받은 요꼬하마의 부두'에서도 '우산'을 비롯

'비'와 '바람', '한 일' 등 우회적 성격을 지닌 임화 서정적 프로시로서의 상징적 요소와 더불어 "녹두새야"처럼 "이국의 계집애야!" 하고 호명하는 언사의 활용 등 사회적 환기로서의 서사적 요소를 지닌 그 저항적 기표로서의 민중 언어의 생생한 면모를 확인할 수 있거니와, 물론 이것은 임화 개인의 연극 체험과 무관하다고 볼 수도 없는 것이지만, 무엇보다 이 시가 조선민요의 전통에 면면히 이어져 온 민중의 문법을 계승하여 만든 작품으로 그 내재적 기원을 지닌 조선적 내러티브로서의 서사적 성과라는데 큰 의미가 있습니다. 나는 그렇게 봅니다.

이처럼 임화의 프로시가 관념 과잉의 '주먹 마치 시'도 아니고 더욱이 나카노 시게하루의 전편前篇을 뛰어넘어 조선적 내러티브로서의 고유한 서사성을 지녔으면서도 하나의 아름다운 가편佳篇으로서의 저항적 프로시의 대표작이 된 데에는 그 '심려한' 상징의 힘이 또한 적지 않기 때문이라 할 것입니다. 임화, **그는 '임林다다'**라는 별명을 지니고 있을 만큼 한때 모더니즘의 세례를 받은 바도 있거니와, 모더니즘은 저 김수영의 화려한 도시의 여자들을 닮은 시처럼 경쾌하고 발랄한 사고와 신선한 감각적 이미지의 사용 등과 관련된 것으로, 현대 문명의 이면으로서 이런 모더니티의 어두운 지대의 하나가 또한 상징입니다. 그러니까 여기서 말하는 상징은 앞에서 말한 바 특정한 함의로서의 심리적 의미보다는 '정치적 무의식'으로서의 그것을 말하는 것입니다. 가령, 그 세계의 문학사조 상으로 볼 때에 있어서 보들레에르, 랭보, 베를렌느 등의 프랑스 상징주의는 퇴폐적 사랑과 방황 등 '저주받은 시인'으로서의 데카당한 이미지로 연상되고 있는 면을 지닌 것도 없지 않은 사실입니다. 이것은 사실 궁핍하던 시기의 반항적인 임화와도 잘 어울리는 이미지로 그에게는 '마르크스 보이'로서의 반항적 이미지와 함께 저 보성고 동료 이상처럼 어딘지 모르게 '부랑아' 같이 타락한-그러나 당시 임화가 (일제가 만든-글쓴이) 교과서를 팔아 조타모를 사서 쓰고 다녔다는 일화들은 그것은 엄격하게 말해서 시대와 불화를 일으킨 낯선 타자로서 민족의 이상인 국가건설의 길이 막히고, 청년의 나아갈 길이 또한 막힌 데 대한 개인적 울분이자 사회적 불만으로서의 미적 청년의 시대적 포즈라 할 것입니다-뭐 부정적인 이미지가 들씌워져 있기도 한 것입니다. 그러나, 저 프랑스의 저주받는 시인의 가장 대표적인 시를 통해서 우리가 볼 수 있는 것은 무엇인지...

……
-뭘 했니? 여기 이렇게 있는 너는,
울고만 있는 너는,
말해 봐, 뭘 했니? 여기 이렇게 있는 너는,
네 젊음을 가지고 뭘 했니?

-베를렌느, '하늘은 지붕 위로', 〈예지〉, 민음사

여기, 이 작품을 보았을 적의 조선의 미적 청년의 마음을 사로잡은 것은 무엇일까요? 그것은 부정적인 것 이상입니다. 그것은 궁극적으로 청년의 나아갈 바에 대한 격정에 넘치는 그 무엇으로서의 대자적 인식이 아닌가 말입니다. 즉 프랑스의 데카당한 상징주의 시풍은, 그러나 데카당을 너머 식민 청년의 삶을 사로잡은 미적 저항의 한 수단으로서의 하나의 예술적 돌파구가 되었다 할 것입니다.

아무러기로 청년들이
평안이나 행복을 구하여,
이 바다 험한 물결 위에 올랐겠는가?
첫 번 항해에 담배를 배우고
둘째 번 항로에 연애를 배우고
그 다음 항로에 돈맛을 익힌 것은
하나도 우리 청년이 아니었다.

–임화, '현해탄' 중에서

이런 사실은 '과연' 임화가 다만 돈과 명예와 출세를 위해 현해탄을 건너간 속물적 위인이 아니라 식민지 시대의 모순을 '부정할' 의식을 지닌 문제적 개인으로 자신을 대상화시킬 수 있었던 사회적이고 정치적인 눈깔을 뜬 식민지 조선 청년임을 엿볼 수 있는 시적 표지poetic signature라고 볼 수 있습니다. 그러니까 한때의 '부랑청년'에서 '저항청년'으로, 다시 '조선의 청년'으로 나아갔던 임화! 이것은 어티케 가능했던 것인지, 이것이 단순한 외적 영향만의 문제인지…

주의해서 잘 보아야 할 것은 역사상의 프랑스 상징주의 사조의 출현은 정치적인 관점에서 이해 가능한 것으로, 그러니까 이것은 저 루카치(《역사소설론》, 거름)의 말대로, 1789년에서 1848년에 이르기까지의 일련의 부르주아 혁명이 민중들의 현실적 열망을 채워주지 모한 데서(즉 프랑스 산업화 초기 부르주아들의 민중에 대한 배반), 다시 말해 그것은 홉스봄(《혁명의 시대》, 한길사)의, 이른바 한때의 혁명의 열풍이 지나고 왕정복고와 관련된 반동 선풍이 가져온 결과로 그것은 철학에 있어 실증주의(꽁트, 이폴리트 텐)로, 소설에 있어 자연주의(플로베르, 졸라, 모파상)로, 시에 있어서는 상징주의(보들레에르, 랭보, 베를렌느)로 나타난 것입니다. 그러니까 하나의 사회적 경향으로 가장 대표적으로 보들레에르의 '우울'이 상징하듯이, 프랑스의 경제적 발전과 정치적 좌절이 초현실주의로서의 모더니즘과 상징주의로서의 새로운 예술 사조의 밑거름이 된 것입니다. 그것은 우리에게 있어 '구인회' 등 도회의 아들이라는 모더니즘의 출현으로 나타났거니와, 그러나 빛과 어둠을 함께 지닌 시대의 그림자로 가령 염상섭의 〈만세전〉(원제목은 〈묘지〉, 1922)처럼 "생활에 대한 회의, 환멸은 드디어 그것의 무자비한 폭로로 향하여 자연주의 문학으로 하여금 부정의 문학을 만들었다."는 문학사가 임화[45]의 진단대로 3.1 혁명의 좌절이 '창조'(1919), '폐허'(1920)와 '장미촌'(1921), '백조'(1922) 등 일련의 모더니즘 계열의 자연주의(김동인, 염상섭)와 낭만주의적 상징주의(홍사용, 나도향, 박종화, 박영희, 이상화)의 출현이라는 형국을 낳은 조선적 국면과도 그대로 상통하는 것입니다.

이 시대(1920년때 초기-인용자)의 시문학은 우리들 가운데의 어떤 비평가가 정당히 지적한 바와 같이 로맨티시즘의 황금기였다.

-임화, '1933년의 조선문학의 제 경향과 전망'에서

그러나 하나의 과도기의 문학(임화)으로-그러니까 '백조' 계열의 낭만주의에서 경향문학으로, 다시 카프의 계급문학으로 이행된 것은 '조선민족 생활의 거대한 내용으로 발전하는 계급적 분화, 노동자 계급의 성장은 1923~4년에 이르러 거대한 비약의 시기를 현출케 하여 문학적 생활 위에도 그 커다란 그림자를 던졌'(동일서)기 때문입니다-'흰 물결'이라는 뜻 그대로 '백조白潮'를 비롯한 낭만주의적 상징주의는 다만 좌절만이 아니라는데 그 깊은 뜻이 있고, 한편 슬픔과 좌절이라는 깊은 경험에서 오히려 인간에 대한 깊은 이해에 도달한 데 또한 그리하여 시적 풍요를 낳

---

45) 임화, '백조(白潮)의 문학사적 의의', 〈문학사〉, 소명출판, 2009.

는데 '혁혁하게' 기여한 것을 우리는 한때의 임화가 그토록 좋아한 바로 저 보들레에르와 랭보, 그리고 베를렌느에게서 보는 것이고, 우리는 어둠이 빛을 잉태하듯이 '혁토'와도 같이 헐벗고 궁핍한 조선적 현실에서 하나의 과도기로서 또한 새 시대의 반짝이는 흰 물결白潮로서의 '백조'에서 **카프KAPF**'로 나아간 상징적 민족시인 이상화를 보는 것입니다. 그러니까 상징주의 시인들은 또 하나의 꺼질 줄 모르는 문학적 이상으로서의 낭만주의자들로서 정치적 좌절과 심리적 파열 속에서 시대 현실에 대한 거부 심리를 진실하게 표현하되 특정한 함의를 지닌 정치적 무의식의 언어로 거기 깊은 뜻을 쟁여 놓았던 상징계의 비밀결사들이었던 것입니다. 그래 하나의 낭만적 이상으로 이상화의 '나의 침실'이 '부활의 동굴'이 되었던 것이 그것이고, '빼앗긴 들'이 '해방 공간'을 상징하게 된 것이 또한 바로 이것입니다. 이것이 이상화의 친구인 임화에게 닿아서는 조선의 불령선인들을 보호하는 은신처로서의 종로네거리의 '골목'('네거리의 순이')[46] 이 되었던 것이고, 그 빼앗길 수 없는 들이자 조선 민중의 혼으로서의 '종로 네거리'와 '순이'('네거리의 순이', '다시 네거리에서')[47]가 또한 되었던 것

---

46) 김동석(시와 행동-임화론)은 골목을 "막다른 골목으로 들어간 센티멘탈리즘"이라고 악의적인 해석을 내놓고 있는데, 이는 문맥적으로 "자 좋다. 바로 종로 네거리가 아니냐!/어서 너와 나는 번개처럼 손을 잡고,/내일을 위하여 저 골목으로 들어가자."를 보면 알 수 있듯이 종로 네거리 골목은 마치 복잡한 해안선이 다양한 생물의 은거지가 됨으로써 해산물이 풍부한 것처럼, 꼭 그처럼 육의전六矣廛이 있어 구름처럼 모여들었다雲從街는 민중의 주 거주지로 미로처럼 복잡한 라인을 형성했던 종로 골목은 혁명가들의 도피처가 아니라 보호처로 혁명의 성지가 되었던 곳입니다.
47) 정우택은 '종로와 임화'(《임화문학연구4》, 소명출판, 2014)에서 종로가 지닌 장소성의 의미를 전통성이나 전근대성 또는 내셔널리티로 설명되지 않는 사상지리적 특성을 지닌다

입니다.

마찬가지로 '우산 받은 요코하마의 부두'에서의 '이국의 반역 청년', '나는 식민지의 사나이'라는 조선 청년의 민족적 자의식은 특정한 함의를 지닌 상징으로 '독립된 나라의 청년'을 암시하고도 남음이 있는 것입니다. 또 하나의 가편인 '우리 오빠와 화로'에서 '천정을 향하여 기어 올라가던 외줄기 담배 연기 속에서 — 오빠의 강철 가슴 속에 박힌 위대한 결정과 성스러운 각오'와 '화로는 깨어져도 화젓갈은 깃대처럼 남지 않았어요?'라고 뇌이는 강철 같은 가슴을 지닌 화자의 정념 속에서 나 또한 하나의 순수한 독자로서 김팔봉처럼 감정을 주체하기 어려운 그 무엇을 느끼게 되는 것이니, 이것이 바로 그의 시가 관념 과잉에 빠지지 않고 그 풍요한 함의를 넘어 시적 상징으로서의 메타포를 지닌 비밀결사의 언어로 민중의 절대적 사랑과 지지를 받은 조선의 저항시가 될 수 있었던 궁극적인 이유입니다. 대체 임화, 그는 기실其實 조선 민중의 정령nymph이 아니었던가. 그리하여 여기, 민족주의 시인 이상화와 계급주의 시인 임화의 만남을 통해서도 볼 수 있듯이, 일제 식민지 시대의 계급문학 운동은 보다 넓은 의미의 저항적인 민족문학 운동이라는 범주 안에서 검토하지 않으면 안 되는 것으로, 계급문학 운동은 식민지 시대에

고 말한 바 있습니다.

이루어진 넓은 의미의 민족문학 운동[48]이었음을 알 수 있습니다.

이처럼 일본 프로시의 시적 성취를 뛰어넘은 임화 프로시의 성취는 저 드너른 장강처럼 내용으로나 형식으로나 국내외의 전통적 자산과 문화적 조류를 대승적으로 수용, 자기화한 풍요한 민족문학 유산으로, 그것은 또한 **'세계성worldhood'**을 지닌 한국 저항시의 계보적 기원을 이루고 있는 것으로서도 중요한 의의를 지니는 것입니다. 그러니까 임화의 항쟁시에서 비롯된 조선 저항시의 시사적詩史的 계보(→부록 참조)가 오장환, 유진오를 거쳐 김수영, 김지하, 김남주로 이어오고 있는 것으로 대체 '관념 과잉의 미숙한 조잡'은 무엇이고, '일본좌파문학의 어설픈 답습'은 또한 무엇인지, 이 어찌 악의적인 마음의 발현이 아닌지…

나는 다시 엄히 묻지 않을 수 없습니다.

---

48) 권영민, 〈한국 계급문학 운동사〉, 문예출판사, 1998

5, 카프는 실제로 외형만의 껍데기 조직이었나

이제 거의 결론에 이르렀으니 간단하게 짚고 넘어가겠습니다.

잘 살펴보면 보인다고 사실 염 씨의 한 마디 한 마디는 간단하게 나온 말이 절대로 아닙니다. 문제의 카프 비판이 나온 마지막 대목을 다시 보겠습니다. "**....그럼에도 카프는 그 시대의 세계사적 조류에 힘입어 1925년부터 10년 동안 외형상 문단의 패권을 장악했다.**" 여기, '그럼에도'는 앞 내용에서 예상되는 결과와 다르거나 상반되는 내용이 뒤에 나타날 때 앞뒤 문장을 이어주는 말입니다. 그러니까 지금까지 보아 온 것처럼 앞의 내용으로 예상되는 결과로는 가령 식물이 부실하고 싹이 안 좋으니 분명히 죽어있어야 할 텐데 신기하게도 죽지 않고 살아 있으니, 이것은 도저히 이해할 수 없는 것이란 겁니다. 그러면서 하는 말이 결국 카프는 외형상으로만 존재했던 유령 단체라는 것을 말하고 있는 것으로, 그는 이렇게 카프의 실체를 부정하기 위해 발악을 하고 있는 것입니다. 아닌 말로 구할 수 있는 모든 가능한 자료를 구해볼 수 있는 상징적인 권력을 누리고 있는 그가 과연 카프가 역사의 실체로 존재했음을 몰랐을까요? 그는 이렇게 저 김현, 김윤식처럼 카프의 실체를 부정하다가 안 되자 기어코는 이렇게 유령 단체로 만들고 말았습니다.

이미 보아 온 것처럼, 카프를 근본적으로 사갈시했던 저 우파 부르주아 평론가 김현은 일제하의 카프가 단 한 편의 우수한 작품도 내놓지 모하였다[49]고 경기에 가까운 발작을 일으킨 바 있으며, 그와 함께 한국문학계의 또 하나의 거벽이랄 수 있는 김윤식이 술을 먹고 공모하에 쓴 〈한국문학사〉는 아예 임화의 〈신문학사〉를 넘어서기 위해 시도[50]된 것으로, 이는 그만큼 그들이 임화를 두려워했음을 알 수 있는 대목이기도 합니다. 아무튼 이렇게 임화 콤플렉스를 지닌 김윤식이 그 악의적인 의도를 가지고 쓴 두터운 〈임화연구〉(문학사상사, 1989)에는 카프를 '거대한 사이비 조직체'라고 부정하고 있습니다. 분명 객관적인 실체와 역사적인 작품이 분명히 있는데도 없다고 하니, 그들은 도대체 무슨 의도를 가지고 이런 되지도 않는 억지 망언을 늘어놓고 있는지…

이런 망언 이어달리기는 여기 카프가 외형상의 허수아비 같은 껍데기 조직에 불과하다는 염 씨도 마찬가집니다. 자, 이제야 우리는 그 무엇이 보이기 시작합니다. 하나의 집단으로 '그들'이라

---

49) 김현, 〈현대한국문학의 이론〉, 문학과지성사, 2011.
50) 김윤식, 〈운명과 형식〉, 솔, 1993.

고 볼 수 있는 한 패거리의 카르텔을 형성한 어떤 지식인 무리들 말입니다. 나는 이미 그들에 의해 저질러지고 있는 왜곡된 한국적 비평의 행태를 '**패거리 비평**gangster's review'이라고 명명한 바 있(졸저 〈철학자 김수영〉, 사실과가치)거니와, 그러니까 카프와 임화를 부정하고자 하는 적지 않은 그들은 대체 어떤 존재들이냐 이겁니다. 나는 이것을 저 이사벨라 비숍(〈한국과 그 이웃나라들〉)이 "관아 안에는 한국의 생명력을 빨아먹는 기생충이 우글거렸다"라고 한 것처럼, 나는 이들을 한국인의 건강한 정신을 좀먹는 '괴물엘리트'라 명명합니다. 그들은 머리가 매우 뛰어난 자들입니다. 그러나 그들은 또한 그 정신의 모양이나 생김새가 괴상한 자들이기도 합니다. 대체 그들은 지배계급의 질서와 모럴을 미화(또는 악마화)해주는 대가로 두터운 보수를 받고 중요한 자리를 독차지하고 세상의 영화를 다 누리며 사는 한국 사회 지식계의 상징 권력들입니다. 그러나 냉정하게 보아서 하는 말이지만 그들은 자본이 키운 충실한 개에 지나지 않습니다. 왜냐하면 그들은 결코 진실을 짖어대지 않기 때문입니다. 그런 그들이 한결같이 하는 말이 있습니다. 임화는 월북 시인이고 미제 스파이이며, 그의 시는 형편없다는 것입니다. 아닌 말로 임화가 월북 시인임은 그렇다 치고 임화가 증말로 북한의 주장대로-아니, 북한의 주장을 그대로 따르는 그들 종북주의자들의 말대로-미제국주의의 스파이였을까요? 세번째 얘기는 이미 충분히 다루었으니, 그러니 이제 이것이 과연 사실이고 진실인지

서문에서 제기한 이 문제를 좀 따져 보겠습니다.

우선, '월북 시인'부터 보겠습니다. 이것은 반공 이데올로기에 의해 왜곡된 남한학계의 일반적인 인식으로, 그러나 임화가 월북 시인인 것은 부정할 수 없는 사실입니다. 그러나 사실과 진실은 다른 것입니다. 그러니까 임화가 일제 시기 자신의 대일저항활동이 철저하지 못했음을 반성하고 해방공간의 문예전선의 수장으로, 또한 조선민족문학의 재건을 위해 분투노력하는 와중에 그는 필연코 두꺼비가 천적인 독사를 만나듯 미군정의 마수와 만났던 것입니다. 그리하여 조선공산당(박헌영) 밑에서 1946년 2월 15일에 발족한 좌익의 통일전선기구인 민주주의민족전선(약칭 '민전')의 사무국장[51]으로 조선철도파업을 지원하고 대구 10월항쟁에 간여하면서 '인민항쟁가'(임화 작시, 김순남 작곡)를 짓는 등 그 어느 때보다 임화의 미제국주의와의 투쟁은 뜨겁게 달아올랐던 것으로, 그에 대한 체포가 점점 다가오는 위험한 상황에서 신변의 위험을 느끼게 된 그에게 있어 이는 필연코 월북을 결정하게 한 결정적인 동기가 되었을 것입니다. 말하자면 임화의 월북은 마치 나치를 피해 미국으로 떠난 저 한나 아렌트, 마르쿠제, 아도르노 등 일군의 프랑크푸르트학파 망명 철학자들을 연상케 하는 것으로, 즉 임화에게 있어 월북은 자의가 아닌 타의에 의한 것으로, 이는 제국주의에 맞서 조선 민중의 해방을

---

51) 김용직, '간추린 임화의 생애', 〈임화문학연구〉, 세계사, 1991

위해 싸운 전사의 불가피한 정치적 선택이었던 것입니다.

"나는 나의 방식으로 나의 '소시민'과 싸우자! 싸움이 끝나는 날 나는 죽고, 나는 다시 탄생할 것이다, ……나는 지금 영등포로 간다. 그렇다! 나의 묘지가 이곳이라면 나의 고향도 이곳이 될 것이다……."

-지하련, '도정-소시민' 중에서...

자, 이것은 해방 직후의 소란스러운 공간 속에서 자신을 '소소부르주아'라고 자책하면서, 그러니까 소시민이라는 자의식을 지닌 한 양심적인 지식인이, 이것은 사실 자신이 투사도 아니요 혁명가는 더욱 아니요, 그렇다고 공산주의자, 사회주의자, 운동자... 그 무엇도 맞지 않는 이름이라며 해방 공간 당시 인공 치하의 남로당의 간부를 만나 입당 원서를 쓰며 자의식 과잉에 시달리고 있는 자신의 심경을 잘 드러낸 작품[52]의 일부이거니와, 중요한 것은 과연 그 소설적 진실에 있어서나 역사적 사실에 있어서나 임화가 한갓 소시민이기를 거부하고 새 시대의 일꾼으로 다시 태어난다는 준열한 삶의 모습 그것 자체일 것입니다.

---

52) 임화의 두 번째 부인 지하련의 '도정道程'은 1946년 당시 좌우연합의 조선문학가동맹이 선정한 제1회 조선문학상에 이태준의 '해방전후'와 함께 최종 경선에 올라 주목을 받았던 작품입니다.

이에 대한 문학사 후배[53]의 회상을 떠올려 보겠습니다.

유년기의 추억에도 임화가 있다. 해방 후 만주에서 살던 부모를 따라 이남에 내려와 영등포에서 유년시절을 보냈다. 한국전쟁 때 여덟 살이었으니 동네의 풍경을 기억하고 있다. 벽보가 붙어 있거나 삐라가 하얗게 길바닥에 널려 있기도 했고 노동자들의 시위 장면도 보았다.

소설 쓰기가 업이어서 그런가 기억이란 참 별난 것이다. 이른바 인공치하에서 학교에 나가 사범학교를 갓 나온 새내기 여선생이 풍금을 치며 가르쳐준 노래 10여곡 중에 대여섯 곡을 지금도 기억하고 있다. 훨씬 뒤 대학생이 되어서야 '인민항쟁가'의 노랫말을 임화가 썼다는 걸 알았다.

'원쑤와 더불어 싸워서 죽은/ 우리의 죽음을 슬퍼말아라/ 깃발을 덮어다오/ 붉은 깃발을/ 그 밑에 전사를 맹세한 깃발/ 더운 피 흘리며 말하던 동무/ 쟁쟁히 가슴속 울려온다/ 동무야 잘 가거라 원한의 길을/ 복수의 끓는 피 용솟음친다'

---

[53] 그 역시 양심적인 지식인의 하나로 선배 임화에 대한 부채의식이랄까, 그가 영등포를 배경으로 박헌영과 이재유를 비롯한 걸출한 인물들을 통해 마치 저 멀리 임화의 실루엣이 보이는듯 일제하의 노동운동사를 소설적으로 흥미있게 풀어낸 장편소설 〈철도원 삼대〉(2020, 창비)를 쓴 것이 결코 우연만은 아닐 것입니다.

—황석영, '지하련 〈도정〉 하' 2012. 2.17 〈경향신문〉

또한, 북에서는 임화를 '미제 스파이'로 몰아세우는 날조된 시각을 보여주고 있습니다. 자 이것은 또 어디까지가 사실이고 어디까지가 진실일까요? 대체 진실은 어디에 숨어 있는 걸까요? 그것은 무론 그가 실제로 미제 스파이였는지 여부를 해명함으로써 밝혀낼 수 있는 문제입니다. 그러니 있는 그대로의 객관적인 진실을 밝혀보것습니다. 그러니까 월북 이후 임화는 해주에서 남한에 대한 계속적인 투쟁을 지원하였습니다. 그러다가 6.25가 발발하고 임화는 인민군 장교의 신분으로 서울에 내려옵니다. 여기서 김수영은 평소 존경하던 임화를 만나 의용군에 자원 입대합니다(미완의 장편소설 〈의용군〉). 중요한 것은 6.25, 북에서 말하는 민족해방전쟁에 임화가 인민군 간부로 참전했다는 사실입니다. 만일 임화가 증말 미제의 스파이였다면 미군정의 요주의 인물로 체포를 피해 월북할 수밖에 없었던 사실을 어떻게 설명할 것이고, 그래 임화가 증말이지 미제 스파이인데 어티케 미군정 치하의 남한을 해방시키려는 민족해방전쟁에 참전할 수 있는지... 그러나 잘 알다시피 민족해방전쟁은 실패했습니다. 이에 전쟁 책임을 둘러싸고 북에서의 권력투쟁이 박헌영을 미제스파이로 몰아 정적을 제거하기에 이르렀던 것으로, 그를 수령처럼 따랐던 임화의 운명 또한 미제스파이라는 반국가적인 죄명이 들씌워졌던 것입니다. 그러니 이건 그 누가 봐도 전후 전쟁실패의 책임을 둘러싸고 벌어진 정적 제거라는 권력 투쟁[54]으로서의 정치적 스캔들이 아닌가 말입니다. 그래 이 땅의 가장 양심적인 미적 판관의 하나였던 김용직(《임화문학연구》)은 **"어느 모로 보든 그가 미국의 고용 간첩일 수는 없었을 것이다."**라고 정직하게 변호했던 것입니다.

그러니까 임화는 엄격하게 볼 때에 있어서 월북 시인도 아니요, 미제 스파이도 아닙니다. 그는 마치 칠레 민중을 위해 국경을 넘고 외세와 손잡은 독재자와 싸우다 죽은 위대한 전사시인 네루다처럼, 꼭 그처럼 그 또한 조선 민중을 위해 국경을 넘고 미제국주의 외세와 싸우다 죽은 조선의 위대한 해방전사이자 전사시인입니다.

1949년 임화가 문화사절단 부단장으로 소련을 방문했을 때 스탈린을 만났다. 스탈린은 <u>조선을 대표하는 시인인 임화가 미군정 하에서 영웅적인 투쟁을 해 온 사실을 알고 있다</u>고 추켜 세우며, 최고의 환영표시로 자신이 애용하던 문진을 기념품으로 주었다. 스탈린이 북조선 작가들에 대해서 이처럼 파격적인 치하를 한 예는 임화 이외에는 전무후무한 일이었다.(밑줄-글쓴이)

-정영진, 〈바람이여 전하라〉(푸른사상, 2002) 182쪽 재인용

---

54) 김동춘, 〈전쟁과 사회〉, 돌베개, 2020.

뭐 그들이 카프의 실체를 부정하니 하는 말이지만 좀 거리를 두고 시기적으로 보건대, 사실 임화 프로시의 대성취는 조선의 미학 논쟁의 결과입니다. 그러니까 우리는 하나의 식물이 성장하여 꽃을 피우고 열매를 맺는 과정을 통해서도 알 수 있는 일이지만, 조선의 그 뛰어난 예술적 성취로서의 임화 프로시의 성과는 분명 앞뒤로 카프 내의 미학 논쟁이 낳은 사회문화적 환경의 결과라 아니 할 수 없습니다. 그러니까 카프 결성(1925) 이후, 그 운동의 방향성과 이념 노선을 둘러싸고 문제가 대두하였는데, 그것은 이 조직을 **'어디로 이끌고 갈 것인가'**라는 방향 설정 문제였습니다. 그리하여 '자연발생기'에서 '목적의식기'로 접어든 것이니, 이것은 경향문학단계에서 계급문학단계로의 본격 진입을 말하고 있는 것입니다.

또한 그렇다면 이제 방향도 정해졌고 하니 해서 나온 논쟁이 바로 조선미학사상의 여러 논쟁으로 이는 **'어떻게 쓸 것인가'**라는 구체적인 방법(론)의 문제를 불러일으켰던 것입니다. 그리하여 먼저, 소련의 형식주의 등 미학 논쟁과도 연계된 일본좌파문학과의 영향도 있는 가운데 조선의 계급문학진영에서는 1차로 '내용-형식 논쟁'(1926)이 박영희와 김기진 사이에 벌어졌고, 2차로 '아나키즘 논쟁'(1927)이 김화산과 임화 사이에, 다시 3차로 앞서도 자세히 보았던 것처럼 김팔봉과 임화 사이에 '예술 대중화 논쟁'(1928~29)이라는 조선예술사상 보기 드문 지상전으로서의 치열한 미학 논쟁이 전개되었던 것이니, 뭐 내용 편향(박영희)과 형식 편향(김기진), 개인 편향(김화산)을 넘어 전 조선 민중의 사랑을 받은 임화 프로시의 미적 성취가 1930년을 전후하여 집중적으로 이루어진 것 또한 이와 무관하지 않은 결과임을 우리는 능히 추론해 볼 수 있는 것입니다. 그리고 1931년을 전후로 한 카프 진영 내의 안함광, 백철, 임화 등의 제4차 미학논쟁인 '농민문학논쟁'에 촉발된 언론의 '브 나르도 운동'의 영향으로 이광수의 〈흙〉(1932), 심훈의 〈상록수〉(1935)는 무론 민촌 이기영의 출세작인 〈서화〉(1933)와 조선 리얼리즘 문학 최고 최대의 걸작 〈고향〉(1936)이 탄생하였던 것입니다.

그러니까 **'임화 프로시와 농민소설의 탄생 전후에 조선 카프의 미학 논쟁이 있었다'**는 하나의 명제로서의 진술을 통해서만 보더라도 우리는 카프가 역사적 실체로 존재하였음은 말할 필요도 없거니와, 카프를 중심으로 한 조선의 진보진영의 미학 대논쟁이 당대 조선예술의 헤게모니를 쥔 세력의 주류 논쟁이었음을 볼 때에 있어서도 우리는 또한 한국의 문학사상 카프의 존재를 부정할 수 없거니와, 대체 자신들의 진보적 문학운동을 펼쳐 나가는 과정에 1, 2차에 걸친 일제의 탄압으로 적지 않은 조선의 양심적인 문인들이 고초를 겪고, 기어코는 카프가 그들의 외압에 의해 강제로 해산되기에 이르렀으니, 카프가 외형상으로만 존재했다는 인식은 그 어디서 나온 발상인지 염 씨의 망언은 아무리 호의적으로 생각해도 그 저의를 의심하지 않을 수 없는 것입니다. 임화와 카프가 주도한 한국문학 죽이기로서, 정치적 공모로 '임화 죽이기 국뽕 카르텔'이라고 생각할 수밖에 없는 것으로서의...

끝으로, 카프가 실재했던 증거로 여기 국내외 지부 조직과 회원명부[55]를 남깁니다.

동경지부, 함흥, 해주, 평양, 개성, 수원, 원산, 목포, 의주, 간도 지부

고경흠, 권구현, 권환, 김기진(팔봉), 김남천, 김동환, 김두수, 김두용, 김복진, 김삼규, 김영팔, 김용제, 김우철, 김유영, 김정한, 김창술, 김형원, 김화산, 민병휘, 박노갑, 박세영, 박승극, 박아지, 박영희(회월), 박용대, 박팔양, 백철, 송영, 신고송, 신석초, 심훈, 안막, 안석주, 안함광, 양창준, 엄흥섭, 윤기정, 이갑기, 이기영, 이동규, 이북만, 이상화, 이우적, 이익상, 이적효, 이찬, 이호, 임화(서기장), 조중곤, 최서해, 최승일, 최정희, 한설야, 한식, 한효, 홍구, 홍기문, 홍양명, 홍효민

동반자 작가군: 강경애, 채만식, 이효석, 유진오...

---

55) 권영민, 〈한국 계급문학 운동사〉, 문예출판사, 1998.

결어(또는 요약)

지금까지 보아왔듯이,

임화를 비롯 카프에 대한 일방적인 이데올로기적 음해공작은 한국 지식계의 최상층을 차지하고 있는 부르주아 이데올로그들에 의해 자행되었습니다. 그래 그들은 카프의 실체를 부정하기를 일삼아 왔고, 그들이 남긴 문학적 성취를 백안시하였으며, 기어코는 카프의 수장 임화를 한국민족문학사의 무덤에 영원히 매장시키려 했던 것입니다. 이것은 그야말로 은폐와 정당화, 미화로서의 이데올로기적 만행－임화에게는 '악마화'에 해당하는 것－이 아닐 수 없는 것으로, 그들은 이런 만행을 통해 실질적 권력을 행사하고 있는 지배계급으로부터 일종의 커넥션으로 두둑한 보수를 받고 각종 고위직을 차지하고 최고의 영화를 누리며 대한민국의 문화/문학 권력의 실세로 자임하여 왔던 것입니다. 그런 그들이 줄곧 내세우는 말이 바로 그 애매하기 이를 데 없는 '민족'이라는 말입니다. 대체 민족은 일제 시기, 순문학을 주장하던 자들이 늘 전가의 보도처럼 앞세워 주장하던 거짓 이데올로기로 그들－가령, 김동인, 이광수, 김팔봉, 서정주가 그랬던 것처럼, 김현, 김윤식이 또한 그렇고 백낙청을 비롯 조동일, 유종호, 최원식, 이남호, 염무웅 그들 또한 마찬가지 입니다－은 줄창 민족이라는 가면을 내세우며 민족을 배반한 자들이었습니다.

지금도 마찬가집니다. 이들 또한 일제시기의 민족문학파들과 다르지 않은 거짓fake 민족문학파들입니다. 그들은 늘 민족의 깃발을 내세워 그 개념적 폭력으로서의 상징폭력을 행사해온 자들입니다. 이들이 70, 80년대 민족/민중운동이 성하던 시기, 주류-그러나 그 엄격한 의미에서 70, 80년대의 민주화 운동의 주역은 민중들이었습니다-를 형성하며 민족 문학계의 높은 자리를 차지하고서는 지금까지 하나의 전통적 권위를 누리고 있지만, 그 엄격한 학문적 양심을 걸고 하는 사실에서 하는 말이지 민족 문학의 뿌리를 자처하는 민족주의 또한 근대 서구의 민족주의의 산물이었다는 사실을 통해 우리는 민족 또한 하나의 상상된 공동체로서의 허구의 산물임을 짐작하기 어렵지 않습니다. 그러니까 민족문학이야말로 실은 유럽 중심적인 언어 및 문학 모델[56]이었고, 이를 이식한 군국주의 일제의 모델에서 비롯된 것입니다. 민족이 그런 것처럼 국어 또한 하나의 근대 부르주아의 이데올로기이자 사상입니다. 다시 말해 민족주의자 연하는 그들이 주장하는 부르주아 민족 언어의 모델 또한 바로 소쉬르의 '형태form' 모델에 다름 아니고, 이에 의한 영문법의 핵심이 '형태소'이며, 그러니 영문학을 통한 식민제국주의의 모델이 일반화되면서 민족 문학의 모델 또한 식민제국주의 모델의 내부 모델로서 시민 부르주아의 국가주의 모델로 민중의 이익과는 모순된 관계에 있던 것이 아니었는가 말입니다.

---

56) 황종연, "'하나의 국문학'을 넘어서-국문학 연구와 문학이론', 〈비평 02〉, 생각의 나무, 2000.

그래 그들이 주장한 표준어도 사실은 국민을 빙자한 부르주아의 언어이지 민중의 언어가 아니기는 마찬가지가 아니었나 말입니다. 이런 관점에서 볼 때, 무론 임화의 민중 중심의 언어관은 단테의 '속어론'에서 영향받은 것임에도 민중의 편에 선 조선의 시인이자 이론가인 임화가 '일상어'를 중시하면서 일본 유학을 다녀온 근대 부르주아 중류층이 중심이 되어 만든 민족 언어에 대해 '조선어학회류의 관념론'('언어의 마술성', 〈문학의 논리〉)이라 평을 놓은 것은 증말이지 탁월한 눈깔[57]이 아닐 수 없습니다. 그러니까 조선의 세계적인 민중적 언어학자인 임화는 조선어학회 주도의 부르주아 중심의 표준어가 사실은 서울 중류 계층의 유학생들이 중심이 되어 만든 일본 한자어 중심의 제국주의적 잔재를 지닌 억압의 언어임을 통찰한 것이고, 이런 언어체계를 주도한 주시경과 이극로의 근대 민족주의 언어운동이 사실은 배재학당 선교사인 헐버트의 '형태주의' 언어학와 독일 베를린대학의 훔볼트 류의 근대 '민족주의' 언어학에 기초한 것임을 정확하게 투찰하고 있었던 것입니다. '국어'는 하나의 우파 이데올로기로서의 국뽕 언어 사상이었던 것입니다. 가령, 민족주의자들이 늘 쓰는 '국민國民'이라는 말도 사실은 '황국신민皇國臣民'의 이식적 형태가 아니었는가 말입니다. 그래 임화는 여간해서 '민족'이니 '국민'이니 하는 단어 활용에 매우 인색하였던 것입니다. 그럼에도 임화는 홍기문과 달리 그 독립적 의의를 지닌 조선어학회의 한글맞춤법에 대해 '비판적 지지'를

---

57) 보다 자세한 것은 졸저 〈청년 임화〉 제3부 '현실주의 언어관' 참조

보냈던 것입니다. 그러니까 임화가 조선어학회의 한글맞춤법 당시 문인들의 지지 성명서에 서명을 한 것은 민족문제가 계급문제보다 더 중요한 주요모순이라고 보았기 때문입니다.

그러나 민족을 빙자하면서 부르주아 이익을 주장하는 그들이 계급해방이라는 기치로 일제 치하 민중의 대변자 노릇을 자임하며 고통을 함께한 한국민족문학의 전위와 조직인 카프는 단 한 작품도 우수한 작품을 내놓지 못했고(김현), 카프는 거대한 사이비 조직체(김윤식)라는 것을 넘어 카프의 작품들은 형편없는 것이고, 카프는 외형만의 허수아비 조직(염무웅)에 불과했다는 식으로 경기에 가까운 발작을 일으킨 것은 무엇인지, 대체 도둑이 제발 저린다니… 뭐 스스로 자신의 실체를 증명한다니… 그래 궁핍한 시기, 조선이 낳은 세계의 시인이자 이론가인 임화를 민족의 제단에 희생양으로 바치려고 했던 그들 나쁜 사제들처럼 글이라는 것은 미화이든 악마화이든 하나의 기도를 지닌 것으로 이데올로기적 효과를 기대하는 것이 아닌지… 그래 한나 아렌트의 말대로, 대체 '민족' 운운하며 민중을 배반한 자들은 비단 독일, 프랑스의 부르주아만이 아닌 조선의 기회주의 지식인들, 아니 한국의 부르주아 괴물엘리트들 또한 마찬가지입니다. 임화를 존경한 김수영('달나라의 장난', '육법전서와 혁명', '거대한 뿌리')이 '공통된 그 무엇'으로서의 민족주의의, 국가주의의 관념적 허구를 비판한 일이 우연이 아닙니다.

그래 민족해방의 관점을 지닌 대한민국의 민간학술단체인 역사문제연구소조차 〈카프 문학운동연구〉(역사비평사, 1989)를 통해 '카프문학운동은... 당당한 민족문학사의 주류'임을 거듭 확인했거늘 그는 무슨 용기로 카프의 실체를 부정하려고 발버둥을 치고 있는지... 그가 열심히 써댄 글들이 최고의 권력자를 향하고 있었던 것은 아닌지... 대체 "어둠이 깔려서야 비로소 미네르바의 올빼미는 비상을 시작한다"는 헤겔(〈법철학〉 '서문')의 말처럼, 그 또한 소멸되어 가는 단계에 이르러 비로소 그 진상과 실체가 정확히 파악되는 게 아닌지...

일언하여 말하면, 임화는 조선이 낳은 위대한 시인이었을 뿐만 아니라 저 어두운 일제 하의 궁핍한 시기, 그는 조선 문화를 지킨 거대한 파수였습니다.

난 그렇게 봅니다. 끝.

그대, 다비드가 된 조선의 신화여!

한 송이 아름다운 꽃이 자생자화하기 위해서는
온 우주를, 시간을, 공간을 친구로 맺어야 한다
그러니
꽃핌은 사실 올매나 놀라운 사건인가

어디 꽃 뿐인가
여기, 나라고 하는 아름다운 꽃이 있다 하자
중중무진이라니...
나 또한 수많은 땀과 고통과 눈물이
중층적이고 레이어한 나날을 견디어
게우 이렇게 한 송이 꽃으로 피어났다니...

꽃핌은 그러나,
거대한 가짜 신화들과의 골리앗 싸움!

그렇다니! 시상은 참으로 수많은 가짜 신화들이, 근본 없는 미신
들이 판을 치고 노는 광란의 굿판 무대라니...
그리하여
혹은 천국이 곧 온다고도 하고,
혹은 정치인이 알아서 다 잘 해준다고도 하고,

혹은 철학은 현실을 다루지 않는다고도 하고,
신화 속 같고 수수께끼 같은 수많은 가면들이 춤을 추고 간다
종교의, 정치의, 철학의, 무서운 가짜 지식의 폭탄들을 쏟아붓고
간다

간다 간다
그들은 또한 간다
임화, 그 새끼는 월북시인이고 미제스파이라고
그는 죽일 놈이라고 저승사처럼 검은 천을 덧씌우고 가고
그의 작품은 관념 과잉의 미숙한 조제품에 불과하다고
농협공판장의 검사관처럼
그의 이마에 붉은 낙인을 탁! 찍고 간다
내 머리통에 내 속알머리 없는 대갈통에
너도 언어의 미신을 섬기라며
기총소사하듯 미친 개소리를 난사하며 간다
너는 왜 저들과 같이 한쪽 다리를 들고
코스프레 춤을, 모방 춤을, 날나리 춤을
너는 왜 그들과 함께 왜 병신 춤을 추지 않느냐며
나의 등을 떠밀며 지나간다

"야 이 씹새꺄 너는 뭐 통뼈냐 대한민국 만세다 XXX아!"

폭우 속에 갑자기 나갈 일이 있어
빗물이 쏟아지는 거리를 바삐 지나는데
똘물이 거침없이 흐르는
길가에 죽은 매미가 한 마리 엎어져 있다

오, 매미여!
나의 생로병사여!
너는 참으로 거룩하게 죽었구나
네가 저 무섭게 쏟아지는 폭우에도
아랑곳 하지 않고 꽁지를 들척이며
맹렬하게 운 것은 누구를 위해서인가
너나 없이 살다가는 짧은 한 생
너는 무에 그리 분주하였나
그러나 제 갈길이 바쁜 시상에도
길가에는 여전히 새로운 꽃들이 피어 나고
또 다른 매미들이 울어 대고 있다

여기,
세상과 싸우다 지쳐
죽은 듯이 누워 자고 있는
나의 연약한 생의 연인만 해도 그렇다
그러나 인자는 생의 투사가 된 그녀를 보면서

슬프지만은 않은 것은
우리는 모다 신성을 지닌
진세의 연꽃이기 때문
우리는 모다 인간으로
존엄한 존재이기 때문

아, XX! 조선에 있어 대규모의 리얼리즘*이라니!
보잘것없는 나에게
작은 신성의 입김을 불어 넣어준 그대!
조선 민중의 정령精靈이 된
다비드의 장대한 신화여!

*임화의 '소설문학의 20년'에 보임

부록

한국 저항시의 계보학
—해방 공간의 '임화 클럽'을 중심으로

1

계보학은 니체(《도덕의 계보학》, 연암서가)의 발명품입니다. '호메로스-플라톤-니체'로 이어지는 지식체계의 위반을 통해 서양철학사의 새로운 시원적 계보로서의 자신의 위치를 정립한 니체, 그는 이성을 부정한 탈근대 철학의 종조가 되었습니다. 그는 현대 철학의 공식적 대부입니다. 개구리가 수많은 개구리알을 낳듯, 그의 밑에서 수많은 개구리알들—프랑스 니체주의자들, 즉 바타유, 블랑쇼를 비롯, 데리다, 라캉, 푸코, 바르트, 들뢰즈 등 휘황찬란한 현대 철학계의 거물들—이 줄줄이 쏟아져 나왔습니다.

이것은 그대로 한국 저항시의 계보를 설명하는데 원용할만한 적절한 사례입니다. 그러니까 한국의 시사詩史에서 저항시가 차지하는 위치가 적지 않은데, 한국의 저항시도 니체적 계보라 할 하나의 계통을 지녔기 때문입니다. 그러나 이것은 아직 연구된

바가 없는 미개척지대로 도전의 가치가 충분한 문화적 탐사지대입니다. 나는 비록 재주는 없지만 있는 그대로의 객관적 사실을 토대로 그 시원적 계보학으로서의 아키올로지컬한 한국 저항시의 전후 맥락context을 재구해 보았습니다.

2

"누구를 위한 벽차는 우리의 젊음이냐?"

1946년 9월 1일!

그날, 한 시인의 운명을 가른 역사적인 대집회가 있었습니다. 해방공간에서 서정시인에서 참여시인이 된 오장환의 천거로 시인이 된 젊은 시인 유진오(정영진, 〈통한의 실종문인〉(문이당, 1989) 중 '육탄시인 유진오의 〈항쟁문학〉'에서 인용) 그는 한 마디로 뜨거운 열혈청년이자 육탄시인이었습니다. 이런 시인을 역사의 무대에 오르게 한 가장 결정적인 계기는 바로 세계의 사회주의계열 국가의 청년들이 기리는 국제청년데이가 열린 1946년 9월 1일이었습니다. 해방 후 처음 맞는 이 모임을 주도한 것은 임화가 소속된 남로당 산하의 민주주의민족전선(약칭 '민전')의 좌익단체였습니다.

참가자만도 대략 10만으로 훈련원 광장(지금은 없어진 '동대문 운동장')을 가득 메운 대중집회현장에서 예외 없이 있게 마련인 축시 낭독 순서에서 특별 초대된 유진오는 그의 장기를 유감없이 발휘하였습니다.

눈시울이 뜨거워지도록
두 팔에 힘을 주어 버리는 것은
누구를 위한 벅찬 마음이냐?

깨어진 꿈 조각을
떨리는 손으로 주워 모아
역사가 마련하는 이 국토 위에
옛날을 찾으려는

저승길이 가까운 영감님들이
주책없이 중얼거리는 잠꼬대를
받아들이자는 우리의 젊음이냐

왜놈의 씨를 받아
소중히 기르던 무리들이
이제 또한 모양만이 달라진
새로운 미군정의 손님네들 앞에

머리를 숙여
생명과 재산과 명예의 적선을 벌이고 있다

누구를 위한
벅차는 우리의 젊음이냐

서른여덟 해 전 나라와 같이
송두리채 팔리어 피눈물 어려
남의 땅을 헤매이다 맞아 죽은 동족들은
팔리던 날을 그리고
맞아 오던 오늘 9월 초하루를
목메어 가슴을 치며 잊지 못한다

그러나 오늘날 또한
썩은 강냉이에 배탈이 나고
뿌우연 밀가루에 부풀어 오르고도
삼천오백만불의 빚을 걸머지고
생각만 하여도 이가 갈리는
무리들에게 짓밟혀
가난한 동족들이
여기 눈물과 함께 우리들 앞에 섰다

누구를 위한
벅차는 우리의 젊음이냐?
어느 놈이 우리의
분통을 터뜨리느냐?
우리의 젊음의 힘은
피보다 무서웁다

머얼리 바다 건너 저 쪽에서도
피끓는 젊은이의
씩씩한 행진과 부르짖음이
가슴과 가슴들 속에 파도처럼 울려 온다
젊음이 갈 길은 단 한길이다
가난한 동족이 우는 곳에

핏발서 날뛰는
외국 주구들과
망령한 영감님들에게
저승길로 떠나는 노자를 주어
지옥으로 쫓아야 한다

이것은 참으로 놀라운 시이거니와, 우리가 볼 수 있는 세계 최고 수준의 민중항쟁시가 아닌가. 그래 당시 현장에 와있던 민중들의 환호작약을 어티케 필설로 설명할 수 있을까. 잠시 돌아보아도 한마디 한마디 그대로 너무도 놀라운 사실이고 너무도 충격적인 진실이 아닌가. 해방공간에서 계통 없이 마구 쏟아진 조선 인민의 감정구조의 진실한 일면을 이것보다 더 진실하고 격정적으로 노래한 시가 있을까 할 정도로 이것은 참으로 리얼한 힘과 맥박을 지닌 천하무비의 작품입니다. 그래 참을 수 없는 격정의 가벼움이라니...훈련원 광장이 떠나갈듯한 민중들의 함성은 기어코는 재낭독을 요청하기에 이르렀다니...이것은 한국시문학사상 참으로 희유한 사건이 아닌가.

그러나 저들, 외국 주구들(당시의 미군정세력)과 망령한 영감님들이 가만히 좌시할 턱이 있나. 그는 곧바로 옥중의 신세가 되었으니...시인의, 아니 이 땅의 진정한 민중 시인의 운명은 이렇게 험악한 것으로, 형을 살고 나온 그는 김태준과 함께 지리산 문화공작대원으로 활약하다 체포, 구금 중 한국전쟁기에 좌익의 재기를 두려워한 이승만의 지시로 수천, 수만의 보도연맹원들과 함께 그 또한 역사의 이슬로 사라졌다니...시인은 가도 시는 이렇게 남아 내 가심을 뜨겁게 한다니...

중요한 것은 다만 이것뿐이 아닙니다. 즉 임화는 이 시를 낭독한 죄로 유진오 시인이 9월 3일 체포되어 구속당하자 이에 대한 항의 표시로 곧바로(1946.9.5.) 다음 시를 발표하였습니다.

억수로 내리는 양광陽光 아래
요란히 흔들리는 수만의 손과
아우성치는 동포의 고함 속에
그대는 호명하는 장군처럼
노래하였다

조국의 자유를 위하여
아낌없이 내어버릴
젊은 생명의 날

피끓는 청년의 9월 1일

인민의 행복을 위하여
죽음의 아름다움을 노래부르던 성동원두城東原頭*

그대의 떨리는 입술
흰 이마와 검은 머리 위
물결치는 바다는
정녕 정녕 사랑하는 조국의
영구히 푸른
우리들 모오두의 하늘
아 이 하늘 아래

일찍이 형제이었던 한 사람의
포리捕吏는 그대의 옷깃을 잡았다

사랑하는 시인이여
돌층계를 내려서는
그대의 종용從容한 얼굴 위
둥그러니 어리었던 하늘은
비록 감람가시와 월계수가
붉고 푸르지 않다 하더라도
고난한 조국이 시인에게 주는
영광의 화관花冠이 되었다

아아 조국의 자유와 더불어
우리들 온 조선 시인이
제마다 부러워하는
영광이여 영원하거라

−임화, '계관시인−옥중의 유진오 군에게'

*'성동원두城東原頭'는 성 동쪽의 들판이라는 뜻으로, 당시의 동대문운동장을 이르는 별칭입니다.

자, 여기서 방외方外―이 일과는 상관이 없는―의 독자인 우리는 나 또한 마찬가지로 다른 것은 차치하고서라도 임화가 무엇이관대 그에게 '계관시인'이라는 최대의 영예를 바친 찬사를 쏟아부으며 유진오의 운명에 이렇게 큰 관심을 지니고 있는가 라는 의문입니다. 그것은 바로 임화의 위치와 관련된 무엇입니다. 임화, 그는 그 자신이 탁월한 시인일 뿐 아니라 일제 시기는 물론이고 민족의 용광로가 들끓던 해방 공간에서 그는 또한 역사의 무대에 선 자로, 당시 그는 하나의 우상으로 조선문학가동맹의 실질적인 영수로 한국의 문화계를 대표하는 자리에 위치했던 자입니다. 그렇습니다. 그는 당시 한국의 문화계―시단을 포함한―대표하는 상징적인 위치에 있던 자입니다.

당시 임화와 더불어 좌익 문화계에 또 한 사람의 우상이자 명사로 민족 작곡가 김순남이 있었는데, 이 사람이 꽤 여유가 있던 모양이고, 또한 김수영 시인의 부인인 김현경 여사의 6촌 오빠 사이로 가까운 친척이었습니다. 그런 그의 집에는 자주 당대의 문화계 인사들이 드나들었던 것으로, 뭐 그의 집이 이른바 '문화 사랑방cultural salon' 역할을 했던 것입니다. 그런데 김현경의 전언(김현경 〈낡아도 좋은 것은 사랑뿐이냐〉, 푸른사상, 2020)에 따르면, 그의 집에는 임화를 중심으로 오장환, 김남천, 안회남, 함세덕 등 이른바 카프 계열의 좌익인사들이 드나들었는데, 이것을 보면 우리는 해방 후 김순남의 집을 배경으로 소위 '임화 클럽'이 형성되어 있던 당시 문화계의 일 상황과 예원의 분위기를 엿볼 수 있습니다.

그래 당시는 미군정 치하에서 좌익 주도의 반외세 활동이 극성이던 시기로, 이때에 주도적인 역할을 했던 것은 남로당 산하의 대중조직인 민전으로 임화는 이곳에서 문화부를 책임지고 있던 것인데, 이에 자신들의 임무를 대중적으로 확산시킬 요량으로 임화가 유명한 '인민항쟁가'의 가사를 짓고 김순남이 작곡을 한 것이 과연 우연이 아닌 것으로, 위와 같은 사회문화적 배경을 지니고 있던 것입니다. 중요한 것은 이와 같은 배경에서 연극에서와 마찬가지로 선진문화에 대한 남다른 자부심을 지닌 임화와 김수영이 매우 친밀한 관계를 유지하였다는 점입니다. 이것은 또한 이어지는 김현경의 증언으로 보건대, 임화와 부인 지하련이 그녀를 집으로 초청하여 가족 모임을 가졌다고 하니, 임화와 김수영의 관계가 어떠했는지 짐작하고도 남음이 있는 것입니다. 이런 배경에서 우리는 왜 김수영이 술만 먹으면 자신이 그렇게도 존경했다(미완의 장편소설 〈의용군〉)는 임화 작사의 '인민항쟁가'를 미친 듯이 불러대고 있는지 알 수 있고, 이는 김수영과 가까웠던 고은의 증언(산문집)을 통해서도 알 수 있습니다.

3

자, 임화와 관련된 김수영 얘기는 이쯤에서 일단 마무리하고 다시 보도록 하고, 여기 '임화 클럽'의 자리에 우리의 눈에 들어오는 자는 또한 시인 오장환입니다. 그는 일제시기에는 서정시를 쓰던 자입니다. 그는 '한때' 서정주, 김동리 등과 어울리며 〈시인부락〉의 동인으로 활동할 만큼 서정성이 지닌 그 아름답고 깊은, 매혹적인 문학의 세계에 아편처럼 포로가 되었던 시인이었습니다. 그러나 같은 정묘精妙한 서정시라 할지라도 그 무늬와 결은 서로 다른 것이어서, 우리는 그의 서정 미학이 지닌 세계의 어떠함을 다음 평문에서 잘 엿볼 수 있습니다.

오장환씨는 새 타입의 서정시를 썼다. 거기 담겨 있는 감정은 틀림없이 현대의 지식인의 그것이다. 현실에 대한 극단의 불신임, 행동에 대한 열렬한 지향, 그러면서도 이지와 본능의 모순 때문에 지리멸렬해가는 심리의 변이, 악과 퇴폐에 대한 깊은 통찰, 혼란 속에서도 어떤 질서를 추구해 마지않는 비극적인 노력, 무릇 그러한 연옥煉獄을 통과하는 현대의 지식인의 특이한 감정에 표현을 주었다.

—김기림, 〈김기림 전집2 시론〉, 심설당, 1988

뭐 식민지 조선의 보들레에르라 할 시인 오장환, 그를 어쩔 수 없이 사로잡은 것은 분명 저주받은 시인으로서의 원통한 자의식 그것이지만, 그러나 그것은 결코 자기 파괴적인 것이 아니라 '혼란 속에서도 어떤 질서를 추구해 마지않는 비극적 노력', 즉 하나의 진전을 위한 위대한 자기부정으로서의 시적 운동이었음을 알 수 있습니다.

전당포에 고물상이 지저분하게 느러슨 골목에는 가로등도 켜지는 않았다 죄금 높다란 포도도 깔리우지는 않었다 죄금 말숙한 집과 죄금 허름한 집은 모조리 층층하여서 바짝바짝 친밀하게는 느러서 있다 구멍뚫린 속내의를 팔러온 사람, 구멍뚫린 속내의를 사러온 사람, 층층한 길목으로는 검은 망또를 두른 쥐정꾼이 비틀거리고, 인력거 위에선 차와 함께 이믜 하반신이 썩어가는 기녀들이 비단 내음새를 풍기어 가며 가느른 어깨를 흔들거렸다

-오장환, '고전' 전문

방불하다, 흡사하다는 말이 있습니다만 일반적으로 말하는 서정시의 세계는 일종의 묘사로서의 풍경 만들기라 할 것입니다. 그리하여 여기, 고전적 풍경의 어떠함을 형용한 어느 도시의 타락한 뒷골목 장면에 대한 생생하기 이를 데 없는 잔인한 묘사를 통해 고전의, 또는 하나의 고전적인 풍경을 이루고 있는 비참한 세계가 어티케 더 이상 나아가지 모하고 정체되어 있는지 '죄악과 퇴폐'의 악취stench가 진동하는 조선 인민의 일상이 과연 어떠한지, 고물상이 늘어서고 전당포 입간판이 낯익은 우리의 일상이, 게서 구멍뚫린 속내의를 팔고 사는 허접하기 이를 데 없는 네이키드한 시대상이 적나라하게 적시되어 있습니다.

그리하여 그 골목에는 그 시대를 표징이라도 하듯 검은 망또를 두른 만취한 쥐정꾼들이 비틀거리고 이미 하반신이 썩어가는 기녀들이 비단 내음새를 풍기며 코를 벌렁이게 하고 마는 것이…대체 '검은 망또'를 두른 술주정꾼은 어떤 사람일까, 여기에 비의가 감춰져 있기라도 한듯한데 무엇보다 정조를 잃고 몸까지 팔고 썩어가고 있는 조선의 참상이 어떠한지—그 어떤 사회과학 서적보다 뛰어나게 여기 형상적 사유가 지닌 예술 고유의 힘으로—그는 참으로 섬뜩하게 사생寫生해 놓고 있습니다.

시인은 참 이렇게 정체된 이미지이자 하나의 비근한 물상으로 데카당한 풍경을 이루며 식민 치하 조선 인민의 모욕과 치욕의 '강간제국주의rape imperialism'의 비극을 하나의 시대극으로 명징하게clearly 데생해 놓고 있는 것입니다. 대체 이런 인식은 어디서 나오는 것인지, 뭐 푸른 감자에서는 푸른 감자꽃이 피는 것이니, 이것은 분명 그의 남다른 현실 인식의 소산이라 할 것입니다.

조선에 문단이 생긴지 근 30년에 신문학이 어느 것이었느냐! 하

고 묻는다면, 어떤 사람은 지용을 찾을 것이요 또 기림을 찾을 것이요 이상을 찾는 이도 있을 것이다. 하나 이분들의 작품을 들어 나는 신문학이라고까지 하고 싶지는 않다…조선에 새로운 문학이 수입된 지 30년 가차운 동안 어느 것이 진정한 신문학이었느냐고 한다면 그것은 〈백조〉 시대의 신경향파에서 '카프'에 이르기까지 그들의 그룹이 가장 새로운 문학에 접근한 것이었다고 생각된다.

―최두석 편, 〈오장환전집2〉, '문단의 파괴와 참다운 신문학'(1937, 조선일보)

이렇게 현실을 빗겨간 모더니즘에도 현실을 벗어난 쉬르리얼리즘에도 날카로운 자의식을 지니고 진정한 신문학에 대한 비평안을 지녔던 시인 오장환, 그런 그는 필연 그들 모더니즘 그룹과 거리를 두고 서정주와 김동리 류의 현실을 벗어난 순수파에도 한계를 느끼기 시작하였는데, 그것은 서정시의 세계는 근본적으로 현실에서 '분리'된 감정으로 개인적인 세계로서의 부르주아의 잉여적 감정의 분출로서의 문학인 것이니만큼 진정한 신문학을 위해서는―신경향파 문학과 '카프'에 대한 정당한 평가를 통해 볼 수 있듯이―사회적 현실을 부정하고서는 시인이 아니라는 식민지 지식인의 부끄러운 자의식이 그를 늘 붙잡았기 때문입니다. 그래 우리는 오장환의 글을 대하면서 자연 이상화를 비롯, 임화 등 식민지 현실을 직시했던 카프계의 선배 저항시인들을 떠올리게 되거니와, 뭐 그에게는 서정의 세계에 몸을 담고 있으면서도 냉혹한 현실hard realities에서 냉혹한 진실hard truth을 표현하지 않으면 그것이 진정한 시가 아니라는 굳건한 신념이 뿌리를 형성했던 것입니다. 이런 사실은 그가 카프 정신의 적통 계승자임을 여실히 증명한다 할 것입니다. 그런 그가 친일문학의 선봉에 선 서정주와 기어코는 결별하고 해방 이후 문학가동맹의 영수가 이끄는 클럽에 합류하게 된 것은 매우 자연스런 일이었다 할 것입니다. 그러니까 정영진의 말처럼, 그는 서정시인에서 현실에 대한 강한 인식을 지닌 참여시인으로 변신하게 되었던 것인데, '고전'에서 "망또를 두른 주정꾼"에 대한 인식이 바로 어두운 시대에 처한 시인이자 화자인 자신에 대한 시적 투영인 셈입니다. 그런 그가 해방을 맞이해서는 금편처럼 번쩍이는 명시 '병든 서울'을 통해 용암처럼 들끓는 격정의 시정을 퍼부었던 것으로, 이것은 오늘 한국 저항시의 또한 아름다운 광휘가 되었다 할 것입니다.

8월 15일 밤에 나는 병원에서 울었다.
너희들은 다 같은 기쁨에
내가 운 줄 알지만 그것은 새빨간 거짓말이다.
일본 천황의 방송도,
기쁨에 넘치는 소문도,
내게는 곧이가 들리지 않았다.

나는 그저 병든 탕아로
홀어머니 앞에서 죽는 것이 부끄럽고 원통하였다.

그러나 하루 아침 자고 깨니
이것은 너무나 가슴을 터치는 사실이었다.
기쁘다는 말,
에이 소용도 없는 말이다.
그저 울면서 두 주먹을 부르쥐고
나는 병원에서 뛰쳐나갔다.
그리고, 어째서 날마다 뛰쳐나간 것이냐.
큰 거리에는,
네거리에는, 누가 있느냐.
싱싱한 사람 굳건한 청년, 씩씩한 웃음이 있는 줄 알았다.

아, 저마다 손에 손에 깃발을 날리며
노래조차 없는 군중이 만세로 노래부르며
이것도 하루 아침의 가벼운 흥분이라면……
병든 서울아, 나는 보았다.
언제나 눈물없이 지날 수 없는 너의 거리마다
오늘은 더욱 짐승보다 더러운 심사에
눈깔에 불을 켜들고 날뛰는 장사치와
나다니는 사람에게

호기 있이 먼지를 씌워주는 무슨 본부, 무슨 본부,
무슨 당, 무슨 당의 자동차.

그렇다. 병든 서울아,
지난날에 네가, 이 잡놈 저 잡놈
모두 다 술취한 놈들과 밤늦도록 어깨동무를 하다시피
아 다정한 서울아
나도 밑천을 털고보면 그런 놈 중의 하나이다.
나라 없는 원통함에
에이, 나라 없는 우리들 청춘의 반항은 이러한 것이었다.
반항이여! 반항이여! 이 얼마나 눈물나게 신명나는 일이냐

아름다운 서울, 사랑하는 그리고 정들은 나의 서울아
나는 조급히 병원 문에서 뛰어나온다.
포장 친 음식점, 다 썩은 구루마에 차려놓은 술장수
사뭇 돼지구융같이 늘어선
끝끝내 더러운 거릴지라도
아, 나의 **뼈**와 살은 이곳에서 굵어졌다.

병든 서울, 아름다운, 그리고 미칠 것 같은 나의 서울아
네 품에 아무리 춤추는 바보와 술취한 망종이 다시 끓어도
나는 또 보았다.

우리들 인민의 이름으로 씩씩한 새 나라를 세우려 힘쓰는 이들을……
그리고 나는 외친다.
우리 모든 인민의 이름으로
우리네 인민의 공통된 행복을 위하여
우리들은 얼마나 이것을 바라는 것이냐.
아, 인민의 힘으로 되는 새 나라

8월 15일, 9월 15일,
아니, 삼백예순 날
나는 죽기가 싫다고 몸부림치면서 울겠다.
너희들은 모두 다 내가
시골구석에서 자식 땜에 아주 상해버린 홀어머니만을 위하여
우는 줄 아느냐.
아니다. 아니다. 나는 보고 싶으다.
큰물이 지나간 서울의 하늘이……
그때는 맑게 개인 하늘에
젊은이의 그리는 씩씩한 꿈들이 흰구름처럼 떠도는 것을……
아름다운 서울, 사모치는, 그리고, 자랑스런 나의 서울아,
나라 없이 자라난 서른 해,
나는 고향까지 없었다.
그리고, 내가 길거리에 자빠져 죽는 날,

그곳은 넓은 하늘과 푸른 솔밭이나 잔디 한 뼘도 없는
너의 가장 번화한 거리
종로의 뒷골목 썩은 냄새 나는 선술집 문턱으로 알았다.

그러나 나는 이처럼 살았다.
그리고 나의 반항은 잠시 끝났다.
아 그동안 슬픔에 울기만 하여 이냥 질척거리는 내 눈
아 그동안 독한 술과 끝없는 비굴과 절망에 문드러진 내 쓸개
내 눈깔을 뽑아버리랴, 내 쓸개를 잡아떼어 길거리에 팽개치랴.

여기, 따로이 설명이 불필요할 정도로 격정의 감정이 폭포수처럼 내리치는 탄복할 작품에서 우리는 이상화의 '빼앗긴 들에도 봄은 오는가'와 임화의 '네거리의 순이'(본론 참조)를 다시 보는 것입니다. 그러니까 이것은 결코 갑자기 나온 게 아닙니다. 하나의 시적 의지와 표상으로 작은 물방울에서 시작된 물결이 실개천과 여울물을 지나 큰 강물을 이루고 장강이 되어 장장한 대하수면을 이루기 위해서는 제 나름의 강폭을 유지하면서 '돼지구융같이' 더러운 시대의 하천도 받아들이면서 끊임없이 흐르고 흘러야만 도달할 수 있는 것처럼, 꼭 그처럼 조선 서사의, 조선 저항시의 위대한 강물도 갖은 굴욕과 오욕속에서 끊임없이 흐르고 흘러 저 드넓은 세계의 바다가 보이는 높은 언덕에까지 도달했다 할 것입니다.

4.

하나의 사회적 기표로, 한국의 저명한 시인이자 선진적 의식을 지녔던 탁월한 문화인이었던 김수영이 해방공간에서 남로당원이자 문맹에 가입하였다는 객관적 사실이 가리키는 것은 무엇인지… 2023 가을호 〈황해문화〉 주간 김명인의 특집기고('전향한 남조선노동당원 김수영을 위하여')로, 이런 사실을 전하고 있는 언론('김수영 시인 남로당 가입 증거 찾았다', 2023. 8. 24. 경향신문)을 통해 세상에 알려진 시인 김수영의 전력은 우리 모두에게 뇌성벽력같은 충격을 주기에 충분하였습니다. 새로운 진실이 탈은폐 disclosing 되었기 때문입니다. 나는 이것을 하재일 시인의 카카오톡으로 처음 알게 되었는데, 이내 놀라움과 충격을 감추지 못하였습니다. 그래 당장에 비가 억수같이 쏟아지는데도 경향신문 등촌지국으로 허겁지겁 달려갔으나 허사였습니다. 종이신문은 하루 늦게 나온다는 사실을 모른 죄. 어쨌든 이것은 꺼진 재에 다시 빨간 불씨가 살아있음을 발견한 것처럼 경이로운 진실이 아닌가.

그러나 이것은 또한 하나의 재구성이 필요한 사회역사적 상상력 socio-historical imagination을 요구하는 사실이 아닌가. 그러니까 김수영은 어찌해서 남로당과 문맹에 가입했는가 라는 점입니다. 그러나 이것은 김수영의 우상이었던 임화와 관련해서만 풀리는 사실이 아닌가. 다시 말해 해방 이후 조선의 독립과 해방을 실질적으로 되찾기 위한 노력이 일제 식민지 시기의 활동가들이었던 공산주의 진보계열을 중심으로 진행되는 가운데 미군정과 이에 손을 잡은 우익세력에 의해 이승만 정부가 세워지자 그들의 활동 범위는 점점 좁아지는 형국이 되었던 것으로, 그러니까 하나의 사회정치적 환경socia-political milieu이 의식이 투철한, 그러나 나약한 지식인을 남로당과 문맹 가입과 탈당이라는 역사의 줄타기를 하게 만든 요인임을 우리는 시인 김수영에게서 보는 것입니다. 말하자면 그는 하나의 실존적 인간이자 자기의식을 지닌 관념적 지식인으로, 그러나 끝내 양심을 놓지 않았던 참여적 지식인으로, 그는 이렇게 하나의 전형으로 우리 사회가 이념적으로 앓아왔고, 앓아야만 했던 시대의 상징이 되었던 것입니다. 뭐 이념과 현실의 괴리라니, 그러나 이것은 좀 거리를 두고 객관적으로 볼 때에 있어서 마르크스주의 열풍이 거세게 불었던 유럽에서 한때 사르트르, 지드, 푸코 등 프랑스의 거물 지식인들이 대거 공산당에 가입했다가 탈퇴하게 된 전후 사정과도 유사한 우리 시대의 일 풍경이라 할 것입니다.

자료상으로 보건대, 김수영은 임화의 권고로 남로당과 문맹에 인연을 맺은 것으로 보입니다.

임동은은 순오를 ○○○동맹에 소개하였다. 순오는 전평선전부에서 외신 번역을 맡아보기도 하였고 동대문 밖 어느 세포에 적을

놓고 정치강의 같은 회합에는 빠짐없이 출석하였다.

이것은 김수영이 자신을 회고하는 대목으로 자전적 소설이라 해도 좋을 그의 유일한 미완의 장편소설 〈의용군〉의 한 대목입니다. 여기, '임동은'은 임화의 분신이고, '순오'는 자신을 대자화시켜놓은 소설 속의 캐릭터입니다. 그때 임화는 박헌영이 이끄는 남로당의 수하로 문학가동맹의 의장이었으며, 남로당의 대중조직인 민주주의민족전선의 문화부 일을 맡고 있을 때입니다. 그렇다면 당시 20대 초반의 김수영(1921~1968)과 30대 후반의 임화(1908~1953)는 어떻게 서로 알게 되었던 것인가. 이것은 참으로 흥미진진한 일화가 되겠거니와, 그 스스로 밝힌 바에 따르면 김수영(순오)은 일제 말기 동경에서 학병을 피해 학교에는 휴학계만 내놓고 서울집으로 돌아와 연극운동을 해보겠다고 극단을 따라다닐 때에 윤이라는 연출가를 알게 되고, 그 윤이라는 연출가를 통해 부민관 무대에서 역시 연극운동에도 관여하고 있던 임화(임동은)를 알게 된 것인데, 임화가 좌익시인이라는 것을 안 것은 8.15 때였다고 회고하고 있습니다. 이때부터 김수영과 임화는 매우 가까운 관계였음을 볼 수 있는데, 앞에서 본 바대로 김수영의 부인인 김현경의 가까운 친척이었던 민족 작곡가 김순남을 중심으로 그의 집에는 임화, 오장환, 김남천, 안회남, 함세덕 등 이른바 카프 계열의 좌익시인들이 드나들었는데 특히 임화와 부인 지하련이 김수영의 부인을 초대할 정도로 둘은 가

부록 223

까운 관계였음을 알 수 있습니다. 다시 말해 남로당원이자 문맹의 의장이며, 민전 문화부 책임자의 자리에 있던 임화는 김수영의 우상이자 존경하는 선배였으니 그를 따라서 김수영 또한 남로당원이자 문맹의 회원이 되었던 것으로 "강해져야겠다" 이것이 후일 순오의 의용군을 지원할 때의 신념이었고, 그렇게 함으로써 자기가 공산주의를 잘 인식하고 파악하고 있는 한 사람이라는 자랑도 생기었던 것인데, 한때의 시인 김수영의 내밀한 진실innermost은 바로 이것이었다 할 것입니다.

중요한 것은 김명인의 올바른 지적처럼 과연 이것이 오늘 우리가 대한민국 사회의 자유의 공기를 숨쉰다고 해서 결코 배제되거나 타기시되어야 하는 것은 아니라는 점입니다. 시인 김수영이 한때 남로당과 문맹에 가입하였다는 사실은 그가 역사의 진보적 의식을 지니고 거대한 뿌리인 민중과 함께 살려고 했던 사회주의적 이념을 지닌 실천적 시인이었음을 다시 한번 확인시켜주고 있습니다.

더욱 중요한 것은 그가 남로당에 가입하고 6.25 당시 의용군에 입대하고 말할 수 없는 학대를 겪고 죽음의 전시 포로수용소에서 천신만고 끝에 기적적으로 살아남은 소설 같은 삶이 그의 대표시를 낳는데 위대한 토양이 되어 한국 저항시의 일 획을 그었다는 사실입니다.

팽이가 돈다
어린아해이고 어른이고 살아가는 것이 신기로워
물끄러미 보고 있기를 좋아하는 나의 너무 큰 눈 앞에서
아이가 팽이를 돌린다
살림을 사는 아해들도 아름다웁듯이
노는 아해도 아름다워 보인다고 생각하면서
손님으로 온 나는 이 집 주인과의 이야기도 잊어버리고
또 한 번 팽이를 돌려주었으면 하고 원하는 것이다.
도회 안에서 쫓겨 다니는 듯이 사는
나의 일이며
어느 소설보다도 신기로운 나의 생활이며
모두 다 내던지고
점잖이 앉은 나의 나이와 나이가 준 나의 무게를 생각하면서
정말 속임 없는 눈으로
지금 팽이가 도는 것을 본다
그러면 팽이가 까맣게 변하여 서서 있는 것이다
누구 집을 가 보아도 나 사는 곳보다는 여유가 있고
바쁘지도 않으니
마치 별세계같이 보인다
팽이가 돈다
팽이가 돈다
팽이 밑바닥에 끈을 돌려 매이니 이상하고

손가락 사이에 끈을 한끝 잡고 방바닥에 내어던지니
소리 없이 회색빛으로 도는 것이
오래 보지 못한 달나라의 장난 같다
팽이가 돈다
팽이가 돌면서 나를 울린다
제트기 벽화 밑의 나보다 더 뚱뚱한 주인 앞에서
나는 결코 울어야 할 사람은 아니며
영원히 나 자신을 고쳐가야 할 운명과 사명에 놓여 있는 이 밤에
나는 한사코 방심조차 하여서는 아니 될 터인데
팽이는 나를 비웃는 듯이 돌고 있다
비행기 프로펠러보다는 팽이가 기억이 멀고
강한 것보다는 약한 것이 더 많은 나의 착한 마음이기에
팽이는 지금 수천 년 전의 성인과 같이
내 앞에서 돈다
생각하면 서러운 것인데
너도 나도 스스로 도는 힘을 위하여
공통된 그 무엇을 위하여 울어서는 아니 된다는 듯이
서서 돌고 있는 것인가
팽이가 돈다
팽이가 돈다

−김수영, '달나라의 장난'(1953) 전문

이 시를 어티케 해설해야 하나. 천학비재한 나는 참 난감한 글쓰기 상황에 놓여 있음을 솔직히 고백하지 않을 수 없습니다. 뭐 간단한 시가 아니기 때문입니다. 여기, '달나라의 장난'은 분명 현재 자신의 심경을 솔직 토크하고 있는 자유로운 산문의 형식을 취하고 있는 시―형식적으로 시의 모양새를 취하고 있지만 산문, 곧 하나의 에세이라고 해도 크게 틀리지 않는―이지만, 무슨 금덩이처럼 형식 이상의 중요한 '그 무엇'이 반짝이고 있지 않은가 말입니다. 그러나 대체 시인이 이 시를 통해 말하고자 하는 시적 주제는 무엇인지... 기본적으로 볼 때, 하나의 주조음으로 화자는 분명 서러운 감정에 휩싸여 있습니다. 그러니까 하나의 지배적 정서로 '서럽다'는 것은 원통하고 슬프다는 것입니다. 그러나 시어의 지층 속에서 하나의 광석처럼 빛을 발하며 우리를 주목케 하는 것은 서러운 감정에 사로잡힌 '정의적 모습'의 화자이기보다는 외물에 대한 '추상적 사유'의 진수를 접하게 되는 흔치 않은 학이學而의 즐거움 때문입니다.

먼저, 화자는 왜 서러운 감정을 느꼈을까... 그것은 무슨 보풀이 일듯이 아이가 팽이를 돌리는 것을 '물끄러미' 바라보게 되면서 자연스럽게 시심이 동하고 자신이 몸을 담고 있는 동시대에 대한 감정이 이입되어 일어난 결과임을 알 수 있습니다. 그리하여 여기, 팽이는 하나의 시적 오브제이자 정치적 무의식을 지닌 알레고리로 기능하고 있는데, 이것이 화자에게 서러운 감정을 불러일으킨 것은 우선 그놈이 신기하고 '낯선' 물건으로 인식되었기 때문으로 보입니다. 동화 같은 어린 시절, 우리는 추운 겨울 얼음판에서 나무로 깎아 만든 팽이를 나무에 헝겊을 단 채로 있는 힘껏 후려치면서 팽이를 돌리곤 했지만, 당시에 팽이 밑바닥에 끈을 돌려 매서 돌게 하는 전혀 '새로운novel' 팽이가 등장한 것입니다. 그러니 이건 참 신비하고 이상한 물건이 아닌가. 그래 '이놈이 참으로 신기하다'고 생각하니, 갑자기 새로운 시대의 양식으로 대두되었던 '소설novel'이라는 개념이 연상되고, '별세계'가 튀어나오고, 자연스럽게 그 옛날 '이태백이 놀던 달 속에서 방아를 찧고'('토끼') 하던 장난이 떠오른다 하듯이 시적 상상의 끈이 이어지게 된 것이라 볼 수 있습니다.

그런데 하나의 시적 지평이자 알레고리로 달나라의 장난처럼 신기한 것은 팽이만이 아닙니다. 그것은 "도회 안에서 쫓겨 다니는 듯이 사는/나의 일이며/어느 소설보다도 신기로운 나의 생활이며"가 또한 신기한 일이 아닌가 말입니다. 그런 어느 순간, 나의 이런 이해할 수 없는 신기한 삶과는 다른 그들의, "나 사는 곳보다는 여유가 있고/바쁘지도 않은" 나와는 다른 그들, '뚱뚱한 주인'의 낯선 삶이 겹치게 되고 대위법적으로 대치되면서 화자는 이내 뭔지 모를 것을 잃어버린 것 같은 심한 박탈감이랄까 따돌림을 받는 것 같은 외로 된 감정에 젖게 되고, 그러니 뭐 자신도 모르게 그 어떤 알 수 없는 힘에 이끌려서는 갑자기 원통하고 슬픈 서러운 감정에 휩싸이게 되었음을 짐작할 수 있습니다. 그런데 감정의 불길은 여기서 그치질 않았습니다. 그러니까 시적 지평은 동심원을 그리며 대상 사물에서 자신의 삶으로, 나아가 자신의 삶과는 다르게 낯설게 돌아가는 사회정치적 세계의, 탈영토의 영역으로 점차 동심원을 그리며 증폭되고 있습니다. 바로 여기서, 그러니까 시적 인식의 지평이 동심원적으로 확대되어 가는 논의의 중심으로서의 토포스topos 한가운데서 우리는 이상한 감동을 느끼게 되며, 그 이상한 감동의 끝에서 정의적 감정에 사로잡힌 화자의 모습에서 벗어나 추상적 사유의 뼈대를 단단히 물고 있는 성숙한 화자를 보게 됩니다.

여기, 화자가 잠시 마음의 평정을 잃고 자연계의 외물에 감정이 휩싸이게 된 것은 고대적 관념으로 그 알 수 없는 대상에 대한 숭고sublimity-'숭고'는 거대한('성인') 공포('비웃는')에서 오는 신비한 관념의 일종인데, 이것은 또한 그 불분명함('까맣게', '회색빛')에서 말미암는 미적 개념입니다-라는 미적 감정에 가까운 것이기도 하지만, 분명 피동적인 감정과 다르지 않습니다. 그러니까 팽이는 주인공이지만 나는 이 세계의 주인공이 아닙니다. 뭐 사물이 주어인 주인의 세계이고 인간은 술어인 노예의 세계입니다. 그러니 나와 세계는 행복하고 조화로운 관계라고 볼 수 없습니다. 그러니 팽이는 나를 울리고 비웃는 낯선 괴물처럼 보였던 것입니다. 이렇게 낯선 괴물 같은 팽이에 감정을 빼앗기고 마는 것은 내가 이 세계의 주인이 되지 모하고, 그러니까 내가 이 세계의 주인이 되지 모한 것은 제 '스스로 도는' 팽이처럼 자립하지 모하고 개밥의 도토리처럼 도회 안에서 쫓겨 다니는 듯이 사는 나의 안타까운 처지와 관련되어 있다고 볼 수 있습니다.

그러나 어느 순간, 마치 무엇엔가 무거운 망치-우리는 이것을 그 니체적 의미에서의 '시적 충격' 또는 '시적 망치'라고 부를 수 있습니다-로 뚜드려 맞은 듯이 화자는 서러운 감정에, 뭐 비탄에만 빠져서는 안 되는 자신이 놓인 현실을 이성적으로 자각하며 자신에게 주어진 운명과 사명을 냉철하게 생각하게 됩니다. 그것은 과연,

제트기 벽화 밑의 나보다 더 뚱뚱한 주인 앞에서
나는 결코 울어야 할 사람은 아니며
영원히 나 자신을 고쳐가야 할 운명과 사명에 놓여 있는 이 밤에
나는 한사코 방심조차 하여서는 아니 될 터인데

로 나타나고 있는데 여기, 그 추상적 사유로서 자신의 운명을 직시하고 그 어떤 사명을 완수해야 할 자신을 자각한 화자가 깨달은 시적 직관이 만만치 않다는 데에, 그러니까 "제트기 벽화 밑의 나보다 더 뚱뚱한 주인"에서 우리는 또한 한국 저항시의 본류로서의 한국문학의 일대 쾌거라는 평가에 손색이 없는

번쩍이는 시의 금편을 마주하게 됩니다. 한국저항시의 본류라니…대체 '달나라의 장난' 어디에 한국 저항시의 본류가 흐르고 있단 말인지…

한국 저항시의 계보는 민족시인 이상화를 하나의 종조로 후배인 임화의 '혁토赫土'에 그 기원을 두고, '네거리의 순이'에서 그 본류를 형성하였다 할 것입니다. 과연 그럴까…잘 알다시피, 임화의 첫시집 〈현해탄〉(1938, 동광당)이 상징하는 것은 높은 물결로서의 '근대화 의지' 그것입니다. 그러나 근대화는 우리에게 이중과제를 부여했던 것으로, 하나는 역사의 발전이요, 다른 하나는 일제에 대한 투쟁이었던 것으로, 이것은 "모방, 이식 그 자체가 벌써 후진국이 선진국에 대한 일 투쟁 형태다."('복고현상의 재흥', 1937)에서 잘 확인할 수 있습니다. 그것은 물론 임화에게 있어서는 하나의 자각이자 선구자적 의식으로서의 일제의 식민자본주의가 자신에게 드리운 역사적 사명이자 소명입니다. 이런 사실을 자각한 그가 민중에게 하나의 진정한 창조자로서 as a real maker의 신성을 부여하고, 그들 신성가족에게서 역사의 주체를 발견했던 것이고, 그들을 고통과 나락과 암흑에 떨어뜨리는 자들을 "도적놈"('네거리의 순이')이라고 적시하였던 것으로, 바로 일제에 대한 대적 의식을 분명히 했던 여기서 우리의 저항시의 물꼬는 제대로 방향을 잡고 제 길로 나아갔던 것입니다. 그래 이런 임화를 스승처럼 따르고 존경해왔던 김수영의 의식의 물결 속에는 임화의 저항 의지가 흐르고 있었다 할 것으로, 특히, '제트기 벽화 밑의 나보다 더 뚱뚱한 주인'은 결코 간단한 표지가 아니고 이것은 하나의 시적 표지로, 이것은 분명 임화의 저항적 의지와 시 정신을 계승한 유진오의 '핏발서 날뛰는 외국 주구들과/망령된 영감님들'을 연상시키고, 이것은 또한 임화 클럽의 저 오장환의 '인민의 힘으로 되는 새 나라'에 대한 염원을 계승한 한국 시맥詩脈의 도저한 흐름을 잇는 저항시의 흔적이라 할 것입니다. 그리하여,

생각하면 서러운 것인데
너도 나도 스스로 도는 힘을 위하여
공통된 그 무엇을 위하여 울어서는 아니 된다는 듯이
서서 돌고 있는 것인가

에서 '생각하면 서러운 것'은 분명히 화자의 내면에 졸졸졸 흐르고 있는 원통하고 슬픈 감정의 물결무늬가 아닌가. 그것은 중심에서 벗어나 외로 된 삶을 게우 유지해 가고 있는 못난 자신에 대한 박탈된 감정으로서의 그 무엇을 대변하는 정서임에 틀림없습니다. 그러나 팽이로 촉발된 서러운 감정은 주변으로 떠도는 자신과는 다른 '별세계'를 살아가고 있는 제트기 벽화 밑의 나보다 더 뚱뚱한 주인, 즉 비대한 권력과 관련되어 있음을, 당시의 이승만 독재 권력과 긴밀하게 연계된 외세에 대한 사회정치

적 상상력으로서의 시적 저항의 표상임을 볼 수 있습니다. 이것은 하나의 시적 상징으로 보이지 않는 그 무엇을, 그러니까 개인의 내밀한 정서를 넘어 '사회정치적 무의식'이라는 위험한 뇌관을 건드리고 있는 표현이지 않은가 말입니다. 다시말해 하나의 이념 지향을 드러낸 이데올로기 시로서 '달나라의 장난'에 흐르고 있는 시적 저항의 인식이 결코 장난이 아닌 이유가 바로 여기에 있는 것입니다.

자, 그렇다면 '달나라의 장난'에 흐르고 있는 보이지 않는 강물 속의 강물로서의 사회정치적 무의식을 드러낸 저항시로서의 이 시의 정체는 뭐란 말인가. 바로 여기서 우리는 현대시가 단순한 내면의 읊조림을 넘어 하나의 사회정치적 메시지로 기능할 수 있는 전거를 확인하게 되는데, 그것은 과연 우리는('너도 나도') 주체적인('스스로 도는') 인간이 되어야지 노예적인 삶에 휘둘려서는('공통된 그 무엇을 위하여 울어서는') 안 된다는 것이 아닌가. 후일 "나라와 역사를 움직여 가는 힘이 정부에 있지 않고 민중에게 있다는 자각이 강해져 가고 있고 이러한 감정이 의외로 급속도로 발전해 가고 있다"('아직도 안심하기 빠르다-4.19 1주년', 민국일보, 1961. 4. 16)는 대사회 메시지를 통해서도 볼 수 있듯이, 이런 의식은 이미 이데올로기적 '금기taboo'-시는 오직 모방만을 일삼아야지 정치를 논해서는 안 된다는 오랜 묵계로서의-를 깨고 지식인의 사명을 실천하고 있던 문화인의 의식이 여기 계몽적 성격을 넘어 하나의 저항의 메시지를 지닌 산문 형의 교술시에 오롯하게 박혀있지 않은가 말입니다. 그렇다니 '달나라의 장난'은 실로 그 솔직 토크로서의 진실한 정도에 있어서나, 물론 '문학은 사회적 공기와 꿈'을 지닌 것이라는 미적 규범에 있어서나, 그 인간 존엄이라는 시적 위의威儀를 잃지 않으면서도, 거기 하나의 탈은폐적 기도로 정치적 무의식을 날카롭게 드러낸 저항시로서 한국시의 위상의 어떠함을 대내외에 보여준 일대 쾌거가 아닐 수 없습니다. 대개의 경우, 정치적 미신을 지닌 자들은 아직도 국가에 의해 시민생활이 유지되어야 한다고 생각하기 쉬운데, 김수영은 이미 너와 나, 민중이라는 시민에 의해 국가가 유지된다고 보았던 것입니다.

—사실범주; 달나라의 장난인 듯 신기한 팽이가 눈앞에서 돌고 있다.

—가치범주; 팽이는 '스스로 도는' 것이지 '공통된 그 무엇'을 위해 도는 게 아니다.

그리하여 여기 하나의 번쩍이는 철학적 화두로 우리가 주목하지 않으면 안 될 김수영 사유의 핵심에 '스스로 도는' 팽이와 함께 '공통된 그 무엇'이 있습니다. 대체 '스스로 도는' 팽이는 민중의 주인됨을 암시한다고 한다면 '공통된 그 무엇'은 또 무엇인지…

아니, 우리가 두 눈을 비비고 다시 주목하지 않을 수 없는 것은 김수영은 왜 예의 비수처럼 날카로운 시선으로 '공통된 그 무엇'에 하나의 시적 상징이자 사회정치적 무의식이라는 추상적 사유의 깊은 철심을 박아넣었나 하는 것입니다. 그것은 또 하나의 주제가 될 것으로 하나의 전체주의 국가주의로서의 상징 폭력에 대한 미적 저항 표지가 아닌가... 팽이 하나에도 우주는 이렇게 가득합니다. 시적 우주가...

5

이제까지 보았다시피, 세계 저항시의 한 축으로서의 한국의 저항시는 한국민족문학수립이라는 역사적인 과제의 하나로 일제(식민지 침탈)라는 근대화와 관련된 우리의 역사로서의 특별한 관련 가운데in certain relations, 하나의 변증법적 비판과 지양으로서의 화학적 계기로 이상화에 이은 임화를 통해 조선 민중의 자각과 의지로 탄생하였습니다. 이후 한국 저항시의 계보는 해방공간과 외세를 등에 업은 독재 정부에서 다시 임화-오장환-유진오-김수영 등 이른바 '임화 클럽Lim Hwa Club'이 그 역사적인 사명과 소명을 감당했다 할 수 있을 것으로, 임화는 과연 한국 저항시의 진정한 대부라 할 것입니다.

중요한 것은, 그 어느 하나의 작품을 보더라도 그들이 이루어놓은 작품들이 부르문학계의 이른바 성애로 가득찬 수음문학도 아니요, 뚜드려 부시는 망치문학이라는 비아냥을 듣고 있는 프로문학계의 선전문학만도 아닌 진실한 내용에서나 그 형식적 방법에서도 수준 높은 예술적 성취를 보인 것으로, 아니 그 이상으로 그것은 하나의 서정적 단계를 뛰어넘은 서사적 단계로 높은 수준에서의 '미적 금도美的 襟度'를 이루었다 할 것입니다. 다시 말해서 한국의 저항시는 예술을 위한 예술도 아니요, 연장으로서의 문학만도 아닌 새로운 차원의 전통을 세웠다 할 것으로, 그것은 분명 한국적 서사Korean narrative로서의 고유한 이야기시의 전통이라 할 것입니다. 특히, '달나라의 장난'의 경우는 사소한 도구('팽이')를 통해서도 을마든지 깊은 추상적 사유가 가능하다는 또 하나의 사례로서의 미적 전범을 이루었다 할 것으로, 한국 저항시가 이룬 세계성worldship을 제대로 보여줬다 할 것입니다.

……

이렇게 고통스러운 순간이 다닥칠 때 나라는 동물은 비로소 생명을 느낄 수 있고, 설움의 물결이 이 동물의 가슴을 휘감아 돌 때 암흑에 가까운 낙타산의 원경이 황금빛을 띠고 번쩍거리네.

-김수영, '낙타과음', 〈김수영전집2 산문〉, 민음사.

취중에 진정이라니... 술에 취한 김수영이 낙타산이 보이는 오늘 동숭동 대학로의 어느 다방에 앉아 낙산 밑 오막살이에 태어난 임화('다시 네거리에서')를 떠올렸던 것일까... 그는 어찌하여 낙타산의 원경에서 번쩍거리는 황금빛을 보았던 것일까...

이 한국문학사여... 한국 저항시의 아름다운 계보여... 이것은 한국문학사상 가장 빛나는 황홀한 유토피아의 순간이 아닌가!

나는 그렇게 봅니다.

참고문헌

1, 기본서

임화문학예술전집1~5, 소명출판, 2009

김팔봉문학전집1~6, 문학과지성사, 1988

조선현대문학사 박영희, 그레출판사, 2011

임화문학연구1,2 소명출판

한국문학사 김현/김윤식, 민음사, 1996

김동인문학전집 대중서관 1983

임화연구 김윤식 문학사상사 1989

임화문학연구 김용직 세계사 1991

한국문학통사 1~5 조동일 지식산업사 2006

언제나 지상은 아름답다 박정선 역락 2012

문장영인본1~14 운암사 1986

연암집 박지원 돌베개 2007

국역 담헌서1~5 민족문화추진위원회 1989

소설의 이론 루카치 심설당 1985

프로이트 전집 열린책들 1997

2. 국내자료

신소설 이인직 외 동아출판사 1995

흙 이광수 동아출판사 1995

탁류 채만식 동아출판사 1995

고향 이기영 풀빛 1989

문학론 이기영 풀빛 1992

김태준 문학사론선집 현대실학사 1997

서경덕과 화담학파 한영우 지식산업사 2022

일본의 한국경제 침략사 김석원 한길사 2022

조선사회경제사 백남운 이성과현실 1989

한국근대사연구 강재언 한울 1988

홍기문 조선문화론선집 형대실학사 1997

세계철학사 이정우 1,2,3,4 길 2021

훈민정음 김주원 민음사 2016

마르크스주의와 민족문제 배동문 한울

현대 한국 문학의 이론 /사회와 윤리 김현 문학과사상사 2011

홍길동전 허균 민음사 2012

정선 목민심서 정약용 창비 2022

김동석 평론집 서음출판사 1989

속물교양의 탄생 박숙자 푸른역사 2015

동명왕편 이규보 아카넷 2020

조선후기농업사연구1,2 김용섭 일조각 1990

텍스트는 젖줄이다 김상천 소명출판 2014

철학자 김수영 김상천 사실과가치 2022

네거리의 예술가들 김상천 사실과가치 2020

일제말기 한국문학의 담론과 텍스트 방민호 예옥 2011

허균, 불의 향기 이진 북치는마을 2020

박지원 산문의 고문 변용 양상 강혜선 태학사 1999

다산논설선집 정약용 현대실학사 2001

다시읽는한국시인 유종호 문학동네 2011

한국소설의 이론 조동일 지식산업사 2009

열하일기 돌베개 2009

한국의 문학사와 철학사 조동일 지식산업사 2000

한국근대문예비평사연구 김윤식 일지사 1976

실학파와 정다산 최익한 서해문집 2011

홍대용 김태준 한길사 1998

일제조선토지조사사업수탈의 진실 신용하 나남 2019

한국의 불교사상 원효 외 삼성출판사 1977

화담집 서경덕 풀빛 2011

일연, 달빛으로 머물다 김은령 2022

금오신화 김시습 민음사 2020

한국계급문학운동사 권영민 문예출판사 1998

이상평전 고은 민음사 1978

허균의 생각 이이화 뿌리깊은나무 1980

민족문학사연구 통권59호 소명출판 2015

한국교육운동의 역사와 전망 하성환 살림터 2022

민족문학사연구 통권38호 소명출판 2008

훈민정음 한글학회 1998

조선어학회 항일투쟁사 박용규 한글학회 2012

한국과 그 이웃나라들 이사벨라 버드 비숍 살림 1994

통한의 실종문인 정영진 문이당 1989

바람이여 전하라 정영진 푸른사상 2002

김수영에서 김수영으로 김수영연구회 솔 2022

현대문예학의 이해 허창운 편저 창작과비평사 1989

3. 국외자료

구주문학발달사 프리체 개척사 1948

청년에게 고함 크로포트킨 낮은산 2021

대논리학1~3 헤겔 자유아카데미 2022

백년동안의 고독 마르케스 문학사상 2020

새로 쓴 독일역사 하겐 슐체 지와사랑 2021

자본1 카를 마르크스 길 2008

헤겔 법철학 비판 칼 마르크스 이론과실천 2011

계몽이란 무엇인가 칸트 외 길 2020

라스키 김학준 서울대학교출판부 1987

신성가족 마르크스/엥겔스 이웃 1990

초원적 관념론 체계 프리드리히 셸링 이제이북스 2008

정신현상학 헤겔 한길사 2013

청년 헤겔1,2 루카치 동녘 1987

숲길 마르틴 하이데거 나남 2010

독일 이데올로기 마르크스/엥겔스 두레 2015

루이 보나파르트의 브뤼메르 18일 칼 마르크스 비르투 2016

임노동과 자본 칼 마르크스 백산서당 1989

인간의 조건 한나 아렌트 한길사 2017

에티카 스피노자 동서문화사

신기관 프랜시스 베이컨 한길사 2021

말과 사물 미셸 푸코 민음사 1997

바흐친의 산문학 게리 솔 모슨/캐릴 에머슨 엘피 2020

법철학 헤겔 한길사 2020

경제학-철학 수고 칼 마르크스 이론과실천 2006

진보의 법칙과 원인 하버트 스펜서 지식을만드는지식 2014

방법서설/성찰/철학의 원리 데카르트 동서문화사 2018

역사철학강의 헤겔 동서문화사 2008

마르크스주의와 언어철학 바흐친 한겨레 1988

일리아스 호메로스 숲 2007

오디세이아 호메로스 숲 2006

지식의 고고학 푸코 민음사 1992

천 개의 고원 질 들뢰지/펠릭스 가타리 새물결 2001

헤겔, 영원한 철학의 거장 테리 핀카드 이제이북스 2006

열린사회와 그 적들 칼 포퍼 민음사 1999

도스또예프스끼 카 열린책들 2011

프로이트주의 미하일 바흐찐 뿔 2011

상상된 공동체 베네딕트 앤더슨 길

시적 언어의 혁명 J. 크리스테바 동문선

4, 기타

중앙일간지 및 인터넷 자료

역사비평, 창작과비평 등 진보 저널

임화문학심포지움 자료

신두원, 장문석 등 논문 참고

……

비평문고 세계의 고전 시리즈 01

나관중의 [삼국지]

비평문고 세계의 고전 시리즈 **02**

호메로스의 [일리아스], [오딧세이아](근간)

비평문고 세계의 고전 시리즈 03
플라톤의 [소크라테스의 변명](근간)

비평문고 세계의 고전 시리즈 **04**

에코의 [장미의 이름](근간)

비평문고 세계의 고전 시리즈 **05**

도스또예프스끼의 [죄와 벌](근간)

비평문고 세계의 고전 시리즈 **06**

카프카의 [성城](근간)

비평문고 세계의 고전 시리즈 **07**

플로베르의 [마담 보바리](근간)

비평문고 세계의 고전 시리즈 **08**

쿤데라의 [참을 수 없는 존재의 가벼움](근간)

비평문고 세계의 고전 시리즈 **09**

박지원의 [열하일기](근간)

임화를 위한 변명
그는 케이문화의 거대한 파수였다

초판인쇄 | 2025년 2월 21일
초판발행 | 2025년 2월 25일

지은이 | 김상천
펴낸이 | 김상천
기획부장 | 이남원
편집부장 | 방성
인쇄한곳 | 한성문화인쇄
펴낸곳 | 사실과가치

등록번호 | 2017년 9월 13일 제 2017-000058호
주소 | 서울시 양천구 목동중앙본로20길 61 301호

전자우편 | criticks@hanmail.net
전화번호 | 010-5034-9132
팩스번호 | 070-8291-9998

ⓒ 김상천 2025 Printed in Seoul, Korea

ISBN 979-11-96254-66-7

이 책의 판권은 지은이와 사실과가치 출판사에 있습니다.
따라서 양측의 서면 동의 없는 무단 전재 및 복제를 금합니다.